HET ULTIEME VEGANSE VAKANTIE KOOKBOEK

100 door planten aangedreven feestelijke feesten voor elke gelegenheid

Sepp de Lange

Auteursrechtmateriaal ©2023

Alle rechten voorbehouden

Geen enkel deel van dit boek mag in welke vorm of op welke manier dan ook worden gebruikt of overgedragen zonder de juiste schriftelijke toestemming van de uitgever en eigenaar van het auteursrecht, met uitzondering van korte citaten die in een recensie worden gebruikt . Dit boek mag niet worden beschouwd als vervanging voor medisch, juridisch of ander professioneel advies.

INHOUDSOPGAVE

INHOUDSOPGAVE **3**
INVOERING **6**
VEGAN & PLANTAARDIGE BASISRECEPTEN **7**
    1. Veganistische jus 8
    2. Veganistische vulling 10
    3. Veganistisch Turkije 12
    4. Veganistische cranberrysaus 14
VOORGERECHTEN EN SNACKS **16**
    5. Gevulde Paprika's 17
    6. Vakantie Gevulde champignons 19
    7. Ovengebakken Appels 21
    8. Gebakken Falafel 23
    9. Enchiladas voor de feestdagen 25
    10. Geroosterde Pompoenzaden 27
    11. Aardappel Spinazie Ballen 29
    12. Suiker- en kruidennoten 31
    13. Romeinse kaasachtige chips 33
    14. Veganistische Cranberry en Brie Bites 35
    15. Aardappelpureeballetjes _ _ 37
    16. Zoete aardappel hapjes 39
    17. Tex-Mex Chees en Maïsbrood 41
    18. Gebakken ravioli hapjes 43
    19. Veganistische gekonfijte Yams 45
    20. Appeltraktaties 47
HOOFDGERECHT _ **49**
    21. Zoete Aardappel Ovenschotel 50
    22. Ojibwa Gebakken Pompoen 52
    23. Vakantie noedels 54
    24. Lasagne van pompoenpompoen 56
    25. Paddestoel & Groene Bonen Ovenschotel 58
    26. Pompoen Kikkererwten Kokos Curry _ 60
    27. Vakantie Gebakken Tempeh 62
    28. Veganistisch Gehaktbrood 64
    29. Lasagne van pompoenpompoen 67
SALADES **69**
    30. Salade met cranberry-pecannoten 70
    31. Veganistische Selderijsalade 72
    32. Pompoen met appelsalade 74
    33. Salade van bloemkool, druiven en linzen met curry 76
    34. Linzen- en courgettesalade 78
    35. Linzen- en appelsalade 80

36. C-ranberry Citrussalade 82
SOEPEN EN STOOFSCHOTEN............ 84
37. Feestelijke Pompoensoep 85
38. Pompoensoep 87
39. Aardappel-preisoep 89
40. Wintersoep met pastinaak 91
41. Linzen- en pompoenstoofpot..........93
42. Crème van maïsstoofpot..........95
43. Pompoen Kikkererwten Kokos Curry _..........97
BIJGERECHTEN............ 99
44. Sesam Groene Bonen 100
45. In de pan geschroeide wortelen 102
46. Veganistische Geschulpte Aardappelen..........104
47. Gepureerde roodhuidaardappelen 106
48. Bloemkool Met Peren & Hazelnoten..........108
49. Maïs Vla 110
50. Eenvoudige geroosterde spruitjes..........112
51. Gebakken maïs 114
52. Bloemkool Met Kaassaus 116
53. Brandewijn geglazuurde wortelen 118
54. Vakantie Gestoofde Rapen..........120
55. Gegratineerde aardappelen 122
56. Vakantie-roomspinazie..........124
57. Succotas..........126
58. Brussel met pancetta..........128
59. Gebakken prei met Parmezaanse kaas..........130
60. Geroosterde bieten met citrus 132
61. Melasse Gepureerde zoete aardappelen 134
62. Parel-uiengratin met Parmezaanse kaas..........136
63. Zoete Aardappel & Prei Gratin..........138
64. Geroosterde champignons in een bruine boter 140
65. Gebakken appels met gember..........142
NAGERECHT............ 144
66. Pecantaart-ijs..........145
67. Broodpudding met kaneelchips..........147
68. Gebakken Karamel Appels..........149
69. Geef Bedankt Pompoentaart..........151
70. Vakantie Pompoen Trifle..........153
71. Pompoendumptaart..........155
72. Vakantie Chiapudding..........157
73. Pompoenmousse..........159
74. Zuidelijke zoete aardappeltaart..........161
75. Brownies met zoete aardappel en koffie..........163

76. Vakantie Maïssoufflé 165
77. Cranberry-ijs 167
78. Walnoot Petites 169
79. Vakantie Wortelsoufflé 171
80. Pompoenvlaai 173
81. Landelijke maïsschotel 176
82. Cranberry-pecannotensaus 178
83. Aardappel-Hashcakes 180
84. Appelcrunch-schoenmaker 182
85. Kleverige Amish Karameltaart 184
86. Herfstbladeren 186
87. Fruitcompote oogsten 188
88. Vakantie cranberrytaart 190
89. Sprankelende veenbessen 192
90. Veganistische pompoentaart 194
91. Pompoen crème 196
92. Chocolade -snoep cheesecake 198

DRANKJES **200**

93. Kerstliederen punch 201
94. Zoete thee 203
95. Versgeperste limonade 205
96. Blackberry-wijnslushies 207
97. Citrus-sangria 209
98. Watermeloen Margarita's 211
99. Ananas Mimosa's 213
100. Fruitpunch 215

CONCLUSIE **217**

INVOERING

Welkom bij 'Het ultieme veganistische vakantiekookboek', uw uitgebreide gids voor het creëren van 100 plantaardige feestmaaltijden voor elke gelegenheid. Dit kookboek viert de vreugde, de smaak en de overvloed van veganistisch koken voor de feestdagen en nodigt je uit om de diverse en verrukkelijke wereld van de plantaardige keuken te verkennen. Of je nu een doorgewinterde veganistische chef-kok bent of nieuw bent in de plantaardige levensstijl, deze recepten zijn gemaakt om je te inspireren om feestelijke en heerlijke maaltijden te bereiden waar iedereen aan tafel dol op zal zijn.

Stel je een vakantieseizoen voor vol met de verleidelijke geur van plantaardig braadvlees, levendige bijgerechten en decadente desserts, allemaal gemaakt met de goedheid van plantaardige ingrediënten. "Het ultieme veganistische vakantiekookboek" is meer dan alleen een verzameling recepten; het is een gids om elk vakantiefeest heerlijk, meelevend en onvergetelijk te maken. Of je nu een gezellige Thanksgiving, een feestelijke kerst of een speciale gelegenheid daar tussenin plant, dit kookboek is jouw hulpmiddel bij uitstek om je kersttafel te verrijken met plantaardige lekkernijen.

Van klassieke braadstukken voor de feestdagen tot creatieve hapjes en adembenemende desserts: elk recept is een ode aan de rijkdom, smaken en vreugde die plantaardige ingrediënten voor uw feestelijke feesten brengen. Of je nu kookt voor familie, vrienden of een potluck organiseert, deze recepten laten de heerlijke wereld van de veganistische vakantiekeuken zien.

Ga met ons mee op een culinaire reis door 'HET ULTIEME VEGANSE VAKANTIE KOOKBOEK', waarbij elke creatie een bewijs is van de overvloed en creativiteit van feestmaaltijden op basis van planten. Dus trek je schort aan, omarm de vreugde van veganistisch koken tijdens de feestdagen, en laten we een duik nemen in 100 plantaardige feestmaaltijden voor elke gelegenheid.

VEGAN & PLANTAARDIGE BASISRECEPTEN

1. Veganistische jus

INGREDIËNTEN:
- 2 kopjes groentebouillon
- ¾ theelepel uienpoeder
- 3 eetlepels edelgist
- 1 eetlepel sojasaus
- ½ theelepel Dijon-mosterd
- ¼ kopje bloem voor alle doeleinden

INSTRUCTIES:
a) Voeg alle ingrediënten toe aan een pan en breng aan de kook.
b) Klop op middelhoog vuur gedurende een paar minuten, tot de jus dikker wordt.
c) Gaat goed samen met aardappelpuree.

2.Veganistische vulling

INGREDIËNTEN:
- 1 groot volkorenbrood, in blokjes gesneden en laten drogen
- ¾ kopje gekookte groene linzen
- 3 eetlepels olijfolie of veganistische boter
- ½ kopje witte uien, in blokjes gesneden
- ¾ kopje bleekselderij, in blokjes gesneden
- Zout peper
- 3 ½ kopjes groentebouillon
- 1 eetlepel lijnzaadmeel + 2 ½ eetlepel water
- ¾ theelepel gedroogde salie

INSTRUCTIES:
a) Verwarm de oven voor op 350 graden en bekleed een pan van 9×13 met folie of spuit deze in met anti-aanbakspray.
b) Bereid het vlas-ei door lijnzaadmeel en water te mengen en zet opzij.
c) Fruit de ui en de bleekselderij in olijfolie of veganistische boter en breng op smaak met een beetje zout en peper. Kook tot het geurig en doorschijnend is, ongeveer 5 minuten. Opzij zetten.
d) Giet het grootste deel van de bouillon in de kom met brood, voeg de overige ingrediënten toe en meng met een houten lepel.
e) Doe het in de voorbereide pan en dek af met folie.
f) Bak gedurende 45 minuten. Verwijder vervolgens de bovenste laag folie zodat de bovenkant bruin kan worden.
g) Verhoog het vuur tot 400 graden en bak nog eens 15 minuten of tot de bovenkant goed bruin en knapperig is.
h) Haal uit de oven en laat iets afkoelen voordat je het serveert.

3.Veganistisch Turkije

INGREDIËNTEN:
- 700 g zijden tofu
- 6 eetlepels plantaardige olie
- 2 theelepels schilferig zeezout
- 2 eetlepels witte misopasta
- 2 theelepel rijstazijn
- 1 theelepel knoflookpoeder
- 380 g vitale tarwegluten
- ½ portie veganistische vulling
- 4 vellen rijstpapier

INSTRUCTIES:
a) Verwarm de oven voor op 170 °C.
b) Doe alle kalkoeningrediënten behalve de essentiële tarwegluten, vulling en rijstpapier in een hogesnelheidsblender en mix tot het volledig glad is.
c) Doe het gemengde mengsel terug in de blender en voeg de essentiële tarwegluten toe. Meng tot je een ruw deeg hebt, stop dan de blender en laat 10 minuten rusten.
d) Meng opnieuw gedurende ongeveer 2 minuten of tot de seitan rekbaar en gomachtig is.
e) Haal de seitan uit de blender en druk deze tot een rechthoek. Voeg de vulling toe in een lijn door het midden van de afgeplatte seitan en rol hem vervolgens in een cilinder. Opzij zetten.
f) Vul een grote kom met water en dompel een vel rijstpapier er een paar keer in tot het licht vochtig is.
g) Leg het rijstpapier over de opgerolde seitan.
h) Herhaal met de overige 3 stukjes rijstpapier tot de seitan helemaal bedekt is.

4. Veganistische cranberrysaus

INGREDIËNTEN:
- 1 kopje verse veenbessen
- 3 eetlepels agave
- 1 theelepel kaneel
- ½ theelepel nootmuskaat
- 1 sinaasappel, uitgeperst
- ½ theelepel geraspte gember

INSTRUCTIES:
a) Verhit een pan met een scheutje olie en voeg een kopje verse veenbessen toe. Voeg onmiddellijk het versgeperste sinaasappelsap toe en kook, onder regelmatig roeren, ongeveer 5 minuten.
b) Voeg een heel klein beetje gember toe, maar overdrijf niet, want veenbessen zijn zo zuur dat ze de saus juist een extra dimensie moeten geven.
c) Zodra de veenbessen beginnen te verwelken, voeg je de theelepel gemalen kaneel en een halve theelepel nootmuskaat toe en laat je verder sudderen. Als de veenbessen te plakkerig worden, kun je water toevoegen.
d) Voeg vervolgens de agave toe, zorg ervoor dat je proeft, want veenbessen zijn zuur en je wilt de zoete tonen precies goed krijgen. Misschien wil je meer agave toevoegen.
e) Blijf sudderen, in dit stadium zou het meer op cranberryjam moeten lijken. Voeg een scheutje citroen toe om het geheel compleet te maken,
f) Je kunt het aan een pot toevoegen, afkoelen en in de koelkast bewaren voor later, of meteen serveren.

VOORGERECHTEN EN SNACKS

5.Gevulde Paprika's

INGREDIËNTEN:
- 6 rode paprika's
- 1 pond gesneden champignons,
- 1 theelepel kokosolie
- ½ kopje maïsbroodkruimels
- 1 eetlepel rijstzemelenolie
- 1 kop verse rauwe bieten, geschild en geraspt
- ½ ui, dun gesneden
- 1 kopje groentebouillon

INSTRUCTIES:
a) Verwarm de oven voor op 375 ° F.
b) Verhit de kokosolie in een koekenpan en bak de champignons.
c) Verwijder de bovenkant van elke paprika. Verwijder het binnenste van de paprika en maak deze schoon.
d) Meng alle andere ingrediënten in een mengkom .
e) Breng op smaak met zout en peper.
f) Vul de paprika's losjes met het mengsel en plaats ze dicht bij elkaar in een bakvorm.
g) Plaats 2,5 cm heet water op de bodem van de pan.
h) Bak gedurende 45 minuten.

6. Vakantie Gevulde champignons

INGREDIËNTEN:
- 8 cremini of witte champignons
- ½ kopje maïsmeel
- 1 kopje kokosmelk
- 1 kopje geraspte rode bieten
- ½ kopje geraspte wortelen

INSTRUCTIES:
a) Verwijder de stengels van de champignons, borstel ze af, was ze en plaats ze met de ronde kant naar boven op een bakplaat om 5 minuten te roosteren op 475 graden F.
b) Combineer de champignonstengels, maïsmeel, bieten, wortels en kokosmelk in een keukenmachine.
c) Kook de vulling gedurende 5 minuten in een koekenpan . Pureer tot een pasta .
d) Verwijder de doppen uit de oven en schep een schep ter grootte van een golfbal van de vulling in elke champignonhoed.
e) Verwarm de oven voor op 200°C en bak de gevulde champignonhoedjes gedurende 15 minuten.
f) Haal uit de oven , garneer met basilicum en serveer onmiddellijk.

7.Ovengebakken Appels

INGREDIËNTEN:
- 4 appels , zonder klokhuis
- 4 eetlepels bruine suiker
- 1 theelepel zwarte bandmelasse
- 1 eetlepel biologische witte suiker
- 1/8 theelepel kaneel
- 1 theelepel kokosolie
- ¼ kopje fijngehakte walnoten
- 1 eetlepel gehakte dadels of rozijnen
- ¼ kopje heet water

INSTRUCTIES:
a) Meng alle ingrediënten behalve het water in een mengschaal tot er een pasta ontstaat .
b) Vul een pan voor de helft met water en voeg de appels toe.
c) Vul de pasta in het midden van elke appel
d) Bak gedurende 30 minuten op 350 graden F, controleer op zachtheid met een spies.
e) Giet de vloeistof in een pan en reduceer deze tot siroop door deze te koken.
f) Besprenkel de appels met de siroop en serveer.

8. Gebakken Falafel

INGREDIËNTEN:
- 15-19 ons blik kikkererwten, uitgelekt
- 1 ui, gehakt
- 2 teentjes knoflook, gehakt
- 1 eetlepel verse peterselie fijngehakt
- 2 eetlepels bloem voor alle doeleinden
- 1 theelepel koriander
- 1 theelepel komijn
- ½ theelepel bakpoeder Zout en peper
- 2 eetlepels olijfolie

INSTRUCTIES:
a) Verwarm de oven voor op 350 graden Fahrenheit.
b) Meng alle ingrediënten in een keukenmachine tot een dikke pasta-achtige consistentie.
c) een ingevette ovenschaal.
d) Bak gedurende 15-20 minuten en keer halverwege.

9.Enchiladas voor de feestdagen

INGREDIËNTEN:
- ¼ kopje Gehakte groene ui
- 1 kopje Geraspte veganistische boerenkaas
- 4 ons Gedroogde groene pepers
- ¾ kopje plantaardige yoghurt
- 2 eetlepels Olie
- ½ kopje Gehakte ui
- 1 Teentje knoflook, fijngehakt
- 2 theelepels Chili poeder
- ⅔ kopje Tomatensaus
- ½ kopje groentebouillon
- 1 theelepel Komijn
- ¼ theelepel Zout, indien gewenst
- 8 Maïstortilla's

SERVEREN
- Olie en extra veganistische kaas
- Avocado ter garnering

INSTRUCTIES:
a) Verwarm de oven voor op 375 ° F.
b) Meng de groene ui, veganistische kaas, chilipepers en plantaardige yoghurt in een mengschaal en zet deze opzij.
c) Fruit de ui in de olie in een koekenpan of pan tot hij nauwelijks zacht is. Voeg de knoflook toe en meng goed. 1 minuut koken
d) Voeg het chilipoeder, de tomatensaus, de bouillon, de komijn en het zout toe. Breng aan de kook, af en toe roerend. Haal de pan van het vuur.
e) Bak tortilla's in olie tot ze zacht zijn in plaats van knapperig.
f) Breng op elke tortilla een dun laagje vulling aan en rol deze op.
g) In een ovenschaal, met de naad naar beneden. Ga verder met de overige tortilla's.
h) Verdeel de resterende saus erover en beleg met extra veganistische kaas.
i) Bak gedurende 10-15 minuten.
j) Serveer met avocado als garnering.

10. Geroosterde Pompoenzaden

INGREDIËNTEN:
- 2 kopjes eikelpompoenzaden met vruchtvlees
- 1 eetlepel extra vergine olijfolie
- ½ theelepel grof zout

INSTRUCTIES:
a) Verwarm de oven voor op 300 graden Fahrenheit.
b) Combineer alle ingrediënten in een mengkom en spreid ze in een enkele laag uit op een met bakpapier beklede bakplaat.
c) Bak gedurende 50 tot 60 minuten, roer elke 15 minuten tot de zaden knapperig zijn en het vruchtvlees gekarameliseerd is.
d) Laat volledig afkoelen en serveer

11. Aardappel Spinazie Ballen

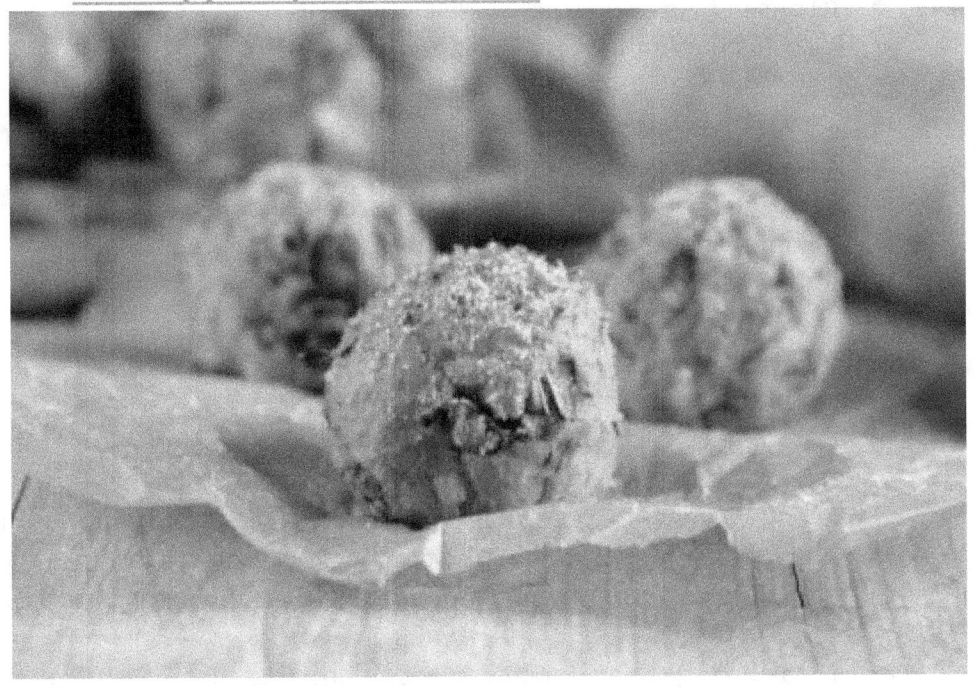

INGREDIËNTEN:
- 10 ons gehakte spinazie
- 3 kopjes overgebleven aardappelpuree
- 2 lijneieren
- ¼ theelepel nootmuskaat
- ¼ theelepel cayennepeper
- 1 kop geraspte peper veganistische boerenkaas
- ½ kopje bloem voor alle doeleinden
- Zout en peper naar smaak

INSTRUCTIES:
a) Verwarm de oven voor op 450 ° F.
b) Combineer aardappelen, spinazie en vlaseieren in een kom totdat het glad is. Breng op smaak met nootmuskaat en cayennepeper.
c) Meng de veganistische kaas en 4 eetlepels bloem erdoor. Roer tot de bloem geheel is opgenomen.
d) Strooi de resterende bloem op een bord en breng op smaak met zout en peper.
e) Maak balletjes van 1 inch van het spinaziemengsel.
f) Haal de balletjes door de bloem en leg ze op de voorbereide bakplaat.
g) Zet de schaal 20 minuten in de koelkast.
h) Haal de balletjes uit de koelkast en bestrijk ze lichtjes met kookspray.
i) Bak gedurende 12 tot 14 minuten, of tot ze goudbruin en stevig zijn.
j) Serveer puur, of besprenkel met citroensap.

12. Suiker- en kruidennoten

INGREDIËNTEN:
- 1 kopje cashewnoten
- 1 kopje pecannotenhelften
- 1 kopje droge geroosterde pinda's
- ¼ kopje verpakte lichtbruine suiker
- ½ theelepel gemalen kaneel
- ¼ theelepel gemalen rode peper
- ½ kopje gedroogde veenbessen

INSTRUCTIES:
a) Verwarm de oven voor op 325 ° F.
b) Gebruik een kookspray om een omrande bakplaat te bestrijken.
c) Combineer cashewnoten, pecannoten en pinda's in een mengkom.
d) Voeg suiker, kaneel en gemalen rode peper toe aan het notenmengsel.
e) Roer tot alle noten gelijkmatig bedekt zijn en spreid ze vervolgens in één laag uit op de bakplaat.
f) Bak gedurende 18 tot 20 minuten, roer halverwege. Laat afkoelen.
g) Meng de gedroogde veenbessen met de noten en serveer meteen.

13. Romeinse kaasachtige chips

INGREDIËNTEN:
- Een pakje chips van 8 ons
- 1½ kopje cashew-parmezaanse kaas, fijn geraspt
- 1 eetlepel gemalen zwarte peper

INSTRUCTIES:
a) Verwarm de oven voor op 425 graden Fahrenheit.
b) Verdeel de aardappelchips in een enkele laag op een omrande bakplaat.
c) Strooi de helft van de vegan kaas gelijkmatig over de chips.
d) Bak gedurende 4 minuten, of tot de veganistische kaas is gesmolten en de chips net beginnen te kleuren langs de randen.
e) Haal uit de oven en beleg met de resterende veganistische kaas en peper.
f) Zet opzij om af te koelen voordat u het overbrengt naar een serveerschaal.

14. Veganistische Cranberry en Brie Bites

INGREDIËNTEN:
- 2 kopjes verse veenbessen, gespoeld
- 1 kopje goede ahornsiroop
- 1 kopje kristalsuiker
- 16 watercrackers
- 8 ons veganistische brie-kaas
- ½ kopje cranberrysaus
- Verse munt, voor garnering

INSTRUCTIES:
a) Verhit de siroop in een pan en verdeel de veenbessen erover.
b) Draai voorzichtig met een lepel zodat alle bessen bedekt zijn. Laat afkoelen, dek af en laat een nacht in de koelkast staan.
c) Laat de veenbessen de volgende dag in een vergiet uitlekken.
d) Rol de helft van de veenbessen in suiker tot ze licht bedekt zijn; herhaal met de resterende veenbessen.
e) Leg het op een bakplaat en laat het een uur drogen.
f) Om te construeren, leg je een plakje veganistische Brie, een dun laagje cranberrychutney en vier of vijf gesuikerde veenbessen op de crackers.
g) Voeg verse munttakjes toe als garnering.

15. Aardappelpureeballetjes

INGREDIËNTEN:
- 3 kopjes overgebleven aardappelpuree
- ⅔ kopjes geraspte veganistische cheddarkaas
- 2 eetlepels dun gesneden bieslook
- ½ theelepel knoflookpoeder
- Kosjer zout
- Vers gemalen zwarte peper
- 2 lijneieren
- 1¼ kopjes panko-broodkruimels
- Plantaardige olie, om te frituren

INSTRUCTIES:
a) Meng aardappelpuree met cheddar, bieslook en knoflookpoeder in een mengkom en breng op smaak met zout en peper.
b) Roer totdat alle ingrediënten zijn gecombineerd .
c) Doe het lijnei en de panko in twee aparte kommen.
d) Schep 1 tot 2 inch balletjes van het aardappelpureemengsel en rol het deeg in je handen tot een bal en bagger het vlasei en de panko erdoor.
e) Verhit in een gietijzeren koekenpan 7,5 cm olie tot een suikerthermometer 375 ° aangeeft.
f) Bak de aardappelballetjes aan alle kanten goudbruin, ongeveer 2 tot 3 minuten.
g) Laat ze uitlekken op een met keukenpapier bekleed bord en breng op smaak met extra zout .

16.Zoete aardappel hapjes

INGREDIËNTEN:
- 4 zoete aardappelen, geschild en in plakjes gesneden
- 2 eetlepels gesmolten plantaardige boter
- 1 theelepel ahornsiroop
- Kosjer zout
- Zakje marshmallows van 10 ons
- ½ kopje pecannoothelften

INSTRUCTIES:
a) Verwarm de oven voor op 400 graden Fahrenheit.
b) Gooi de zoete aardappelen met gesmolten plantaardige boter en ahornsiroop op een bakplaat en verdeel ze in een gelijkmatige laag. Breng op smaak met zout en peper.
c) Bak tot ze zacht zijn, ongeveer 20 minuten, en draai ze halverwege. Verwijderen.
d) Bestrijk elk rondje zoete aardappel met een marshmallow en rooster gedurende 5 minuten.
e) Serveer onmiddellijk met een pecannotenhelft bovenop elke marshmallow.

17. Tex-Mex Chees en Maïsbrood

INGREDIËNTEN:
- ½ kopje gesmolten plantaardige boter
- 1 kopje plantaardige karnemelk
- ¼ kopje ahornsiroop
- 1 kopje bloem voor alle doeleinden
- 1 kopje gele maïsmeel
- 2 ½ theelepel bakpoeder
- ¼ theelepel koosjer zout
- 6 ons peper veganistische boerenkaas, in blokjes
- Vers gesneden bieslook, ter garnering

INSTRUCTIES:
a) Beboter een ovenbestendige koekenpan van 10 of 12 inch en verwarm de oven voor op 375 °.
b) Klop in een kom de plantaardige karnemelk, de gesmolten plantaardige boter en de ahornsiroop door elkaar.
c) Meng de bloem, maïsmeel, bakpoeder en zout in een mengschaal. Giet de natte ingrediënten over de droge en klop tot alles goed gemengd is.
d) Verdeel de helft van het maisbroodbeslag in de voorverwarmde koekenpan en strooi er gelijkmatig peper-veganistische boerenkaas overheen.
e) Giet het resterende beslag over de kaas en strijk het gelijkmatig glad.
f) Bak gedurende 25 tot 30 minuten, of tot ze goudbruin en gaar zijn.
g) Laat 5 minuten afkoelen in de koekenpan voordat u het garnituur met bieslook en in vierkanten snijdt.

18. Gebakken ravioli hapjes

INGREDIËNTEN:
- 24-ounce pakket veganistische ravioli
- 1 kopje bloem voor alle doeleinden
- 1 theelepel plantaardige melk
- 2 kopjes gekruid broodkruimels
- bak spray
- verse cashew-parmezaanse kaas voor garnering
- Optionele serveersauzen: marinara, ranch, pizzasaus, pesto, wodkasaus.

INSTRUCTIES:
a) Verwarm de oven voor op 450 graden Fahrenheit.
b) Kook de ravioli volgens de aanwijzingen op de verpakking .
c) Smeer een rooster in met kookspray en plaats het op een bakplaat.
d) Meng in een mengkom de bloem en de plantaardige melk; Meng de broodkruimels in een aparte mengkom.
e) Haal elke ravioli door de bloem en schud de overtollige bloem eraf.
f) Rol de ravioli ten slotte door paneermeel.
g) Spuit beide zijden van de gepaneerde ravioli in met kookspray voordat u deze op een rooster legt.
h) Bak de gepaneerde ravioli gedurende 20-25 minuten, of tot ze goudbruin en knapperig zijn.
i) Haal uit de oven en serveer meteen.

19.Veganistische gekonfijte Yams

INGREDIËNTEN:
- 4 grote granaat zoete rode aardappelen, in rondjes gesneden
- 2 eetlepels water
- 1 kopje licht- of donkerbruine suiker
- 1 kopje biologische rietsuiker
- 1 eetlepel kaneelpoeder
- 2 eetlepels vanille-extract
- 2 eetlepels citroensap
- ¼ kopje veganistische boter

INSTRUCTIES:
a) Doe de aardappelen in een grote mengkom.
b) Pak een grote pan of Dutch Oven en plaats deze op de kookplaat.
c) Plaats water op de bodem van de pan. Leg vervolgens de helft van je zoete aardappelen in je pot.
d) Top met ½ kopje biologische rietsuiker en ½ kopje bruine suiker.
e) Voeg de andere laag zoete aardappelen toe en bedek met de resterende ½ kopje biologische rietsuiker en ½ kopje bruine suiker.
f) Voeg je kaneelpoeder, vanille-extract en citroensap toe.
g) Laat het 10 minuten koken.
h) Verwijder na 10 minuten het deksel en draai de bovenste aardappelen met uw houten spatel om, waarbij u ervoor zorgt dat de bovenste laag de suikersiroop zoveel mogelijk raakt.
i) Plaats het deksel weer op de pan, maar laat het deksel barsten en laat het ongeveer 25 minuten koken tot de aardappelen gaar zijn.
j) Zodra alle aardappelen gaar zijn, voeg je de veganistische boter toe en laat je de boter op de yams smelten.
k) Serveer met je favoriete veganistische kerstgerechten voor een vullend veganistisch kerstfeest!

20.Appeltraktaties

INGREDIËNTEN:
- 1 kopje amandel, een nacht laten weken
- 1½ kopje knapperige appels
- ½ kopje lijnzaad – gemalen
- 2 dadels, ontpit en ontsteeld
- 1 eetlepel citroensap
- 1 theelepel grijs zeezout
- ½ kopje psylliumschil

INSTRUCTIES:

a) Meng de amandelen, het zout, het citroensap, de dadels en de appels in een keukenmachine. Voeg het lijnzaad en de psylliumschil toe.

b) Schep delen van het deeg ter grootte van een golfbal uit, rol ze in balletjes en leg ze op een dehydratatievel met een tussenruimte van 2,5 cm.

c) P bij de afgeronde toppen naar beneden.

d) Laat het een nacht drogen in de dehydrator, of bak gedurende 1 uur op de laagste stand met de deur op een kier.

e) Haal de fruit- en eiwitsnacks eruit en controleer op stevigheid.

HOOFDGERECHT _

21.Zoete Aardappel Ovenschotel

INGREDIËNTEN:
- 4 ½ pond zoete aardappelen
- 1 kopje kristalsuiker
- ½ kopje veganistische boter verzacht
- ¼ kopje plantaardige melk
- 1 theelepel vanille-extract
- ¼ theelepel zout
- 1 ¼ kopjes cornflakes ontbijtgranen, geplet
- ¼ kopje gehakte pecannoten
- 1 eetlepel bruine suiker
- 1 eetlepel veganistische boter, gesmolten
- 1½ kopjes miniatuur marshmallows

INSTRUCTIES:
a) Verwarm de oven voor op 425 graden Fahrenheit.
b) Rooster de zoete aardappelen gedurende 1 uur of tot ze zacht zijn.
c) Snijd de zoete aardappelen doormidden en schep het binnenste eruit in een mengschaal.
d) Klop met een elektrische mixer de zoete aardappelpuree, de kristalsuiker en de volgende 5 ingrediënten tot een gladde massa.
e) ingevette ovenschaal van 11 x 7 inch .
f) Combineer cornflakes-granen en de volgende drie ingrediënten in een mengkom .
g) Strooi het mengsel in diagonale rijen met een onderlinge afstand van 5 cm over de schaal.
h) Bak gedurende 30 minuten .
i) Strooi marshmallows tussen de rijen cornflakes; bak gedurende 10 minuten.

22.Ojibwa Gebakken Pompoen

INGREDIËNTEN:
- 1 pompoen
- ¼ kopje appelcider
- ¼ kopje ahornsiroop
- ¼ kopje gesmolten plantaardige boter

INSTRUCTIES:
a) Verwarm de oven voor op 350 ° F en bak de hele pompoen gedurende ½ uur tot 2 uur.
b) Schep het vruchtvlees en de zaden uit de pompoen en gooi de zaden weg.
c) Vul een ovenschaal voor de helft met vruchtvlees.
d) Doe de overige ingrediënten in een mengkom en giet het samen met de gekookte pompoen in de ovenschaal.
e) Bak nog eens 35 minuten .

23. Vakantie noedels

INGREDIËNTEN:
- ⅓ kopje veganistische boter
- 1 kopje Dun gesneden bleekselderij
- ½ kopje Gehakte ui
- 8 kopjes Kant-en-klare groentebouillon
- 16-ounce pakje veganistische noedels
- ½ theelepel Zout, indien gewenst
- ¼ theelepel Peper
- ¼ kopje Gehakte verse peterselie
- peterselie , indien gewenst
- 1 theelepel Verstandig

INSTRUCTIES:
a) Smelt de veganistische boter in een Nederlandse oven op matig vuur. Kook de selderij en ui tot ze zacht zijn.
b) Voeg de bouillon toe en breng het aan de kook.
c) Voeg de noedels, zout en peper toe en roer om te combineren.
d) Kook gedurende 35 minuten, onafgedekt, of tot de noedels gaar zijn, onder regelmatig roeren.
e) Voeg takjes peterselie toe als garnering.

24.Lasagne van pompoenpompoen

INGREDIËNTEN:
- 9 lasagna-noedels , gekookt
- 5 kopjes warme, gekruide aardappelpuree,
- 24-ounce pakket pompoen
- 1½ kopjes opgeklopte amandelricottakaas
- 1 theelepel uienpoeder
- ½ theelepel nootmuskaat
- 1 theelepel zout
- ½ theelepel zwarte peper
- 1 kopje gefrituurde uien

INSTRUCTIES:
a) Verwarm de oven voor op 350 ° F.
b) Gebruik een kookspray om een ovenschaal van 9 x 13 inch te bestrijken.
c) Meng de aardappelen, pompoen, opgeklopte amandelricotta, uienpoeder, nootmuskaat, zout en zwarte peper samen in een mengkom.
d) Leg 3 noedels op de bodem van de voorbereide ovenschaal. Verdeel een deel van het aardappelmengsel over de noedels. Herhaal de lagen nog twee keer.
e) Bak gedurende 45 minuten met aluminiumfolie erop; verwijder de folie en bak nog eens 8 tot 10 minuten, of tot ze bruin en warm zijn.

25.Paddestoel & Groene Bonen Ovenschotel

INGREDIËNTEN:
- Zak van 16 ounce sperziebonen, ontdooid
- 3 eetlepels bloem
- 1 ¾ kopjes plantaardige melk
- 8-ounce pakket champignons, in plakjes gesneden
- ½ theelepel zout
- ¼ theelepel zwarte peper
- ¼ kopje verkruimelde Vegan Gorgonzola-kaas
- ½ kopje gefrituurde uien

INSTRUCTIES:
a) Verwarm de oven voor op 350 ° F.
b) Gebruik een kookspray om een ovenschaal van 2 liter te bestrijken.
c) Schik de sperziebonen in de ovenschaal.
d) de plantaardige melk in een pan .
e) Voeg de champignons, zout en peper toe; breng aan de kook en kook, vaak roerend, gedurende 4 tot 5 minuten, of tot de saus dikker wordt.
f) Meng de veganistische kaas erdoor en giet het over de sperziebonen. Roer de bonen voorzichtig door.
g) Kook gedurende 15 minuten.
h) Haal het uit de oven, bedek met gefrituurde uien en bak nog eens 10 tot 15 minuten, of tot het borrelt.

26.Pompoen Kikkererwten Kokos Curry

INGREDIËNTEN:
- 2 eetlepels olijfolie
- ½ kopje ui, in blokjes gesneden
- 3 teentjes knoflook, geperst of fijngehakt
- 1 eetlepel gember, geraspt
- 2 en ½ kopjes pompoen, geschild en in blokjes
- 2 en ½ eetlepel rode currypasta
- 14 ons blikje kokosmelk
- 2 kopjes broccoli, in roosjes gesneden
- 1 kopje kikkererwten uit blik
- ½ kopje cashewnoten, ongezouten
- 1 eetlepel limoensap
- ¼ kopje koriander, gehakt

INSTRUCTIES:
a) Verhit de olie in een grote pan op matig vuur . Voeg de ui, gember en knoflook toe. Bak nog een minuut, of tot de uien zacht, transparant en geurig zijn.
b) Meng de currypasta en de pompoen erdoor. Kook nog een minuut.
c) Breng aan de kook, roer de kokosmelk erdoor. Zet het vuur laag en dek af. Kook gedurende 15 minuten op laag vuur.
d) 5 minuten koken, onafgedekt .
e) Voeg de kikkererwten, cashewnoten en limoensap toe en roer om te combineren.
f) Garneer met koriander voor het serveren.

27. Vakantie Gebakken Tempeh

INGREDIËNTEN:
- 6 ons tempeh, in afzonderlijke vierkantjes gesneden
- ½ kopje verse kruiden
- 2 eetlepels tamari of sojasaus
- 1 eetlepel olijfolie
- 1 eetlepel appelazijn
- ½ eetlepel pure ahornsiroop
- ½ flespompoen, geschild en in dunne plakjes gesneden
- 2 eetlepels plantaardige boter
- Grof koosjer zout en gemalen zwarte peper

INSTRUCTIES:
a) Verwarm de oven voor op 400 graden Fahrenheit.
b) Doe de tempeh in een ritssluitingszakje.
c) Voeg kruiden, tamari, olijfolie, appelazijn en ahornsiroop toe en roer alles door elkaar.
d) Laat de tempeh 2 uur of maximaal een nacht marineren.
e) Bestrijk de pompoenlinten met plantaardige boter, kruid met peper en zout en leg ze in één laag.
f) Bak de pompoen gedurende 5 minuten.
g) Laat de pompoen volledig afkoelen voordat je hem om de gemarineerde tempeh wikkelt en op de voorbereide bakvorm legt.
h) Bak gedurende 15-20 minuten.

28. Veganistisch Gehaktbrood

INGREDIËNTEN:
- 2 theelepels kokosolie, of welke olie dan ook
- ¼ kopje gehakte rode ui
- 2 stengels bleekselderij, gehakt
- 5 teentjes knoflook, fijngehakt
- 15 oz. blik kikkererwten, uitgelekt en grondig afgespoeld
- 1 ¾ kopje vers gekookte bruine linzen
- 2 theelepels vloeibare rook
- 2 theelepels veganistische Worcestershiresaus, of meer vloeibare rook
- 1 ¼ kopjes broodkruimels, glutenvrij indien nodig
- ½ theelepel zeezout
- ½ theelepel gemalen zwarte peper
- 3 eetlepels tomatenpuree
- ½ theelepel tijm

TOMAAT GLANS
- 2 eetlepels tomatenpuree
- 2 theelepels appelazijn
- 1 eetlepel ahornsiroop, of agave of vloeibare zoetstof
- ¼ theelepel zeezout

INSTRUCTIES
TOMAAT GLANS
a) Meng de tomatenpuree, appelciderazijn, ahornsiroop en zeezout in een kleine kom en zet dit opzij totdat je het nodig hebt.

GEHAKTBROOD
b) Verwarm uw oven voor op 375 ° F/190 ° C graden.
c) Maak een brood klaar door het te bekleden met bakpapier, zodat het over de zijkanten hangt.
d) Verhit de olie in een koekenpan op middelhoog vuur.
e) Voeg de knoflook, rode ui en selderij toe. Bak tot de uien doorschijnend zijn, de selderij zacht is en de knoflook geurig is, ongeveer 5 minuten.
f) Voeg alle ingrediënten toe in een grote kom.

g) Meng lichtjes met een houten lepel. Ik merk dat dit helpt om de vloeibare ingrediënten gelijkmatig over de bonen en het paneermeel te verdelen.
h) Voeg in een keukenmachine al je ingrediënten uit de kom toe. Ik heb een keukenmachine voor 10 kopjes, dus als die van jou kleiner is, wil je hem misschien in stappen doen. Pulseer een paar keer totdat alles begint samen te komen.
i) Giet/schep het mengsel in uw met bakpapier beklede broodvorm. Strijk de bovenkant glad met de spatel. Giet het glazuur van vroeger erover en strijk het glad met een lepel of spatel.
j) Bak gedurende 45 minuten tot 60 minuten. Mijn brood was na ongeveer 55 minuten gaar. Het is klaar als een tandenstoker er grotendeels schoon uitkomt.
k) Haal uit de oven en laat 10 minuten afkoelen . Haal het uit de broodvorm , snijd het in stukken en serveer. Genieten!

29. Lasagne van pompoenpompoen

INGREDIËNTEN:
- 9 lasagna-noedels, gekookt
- 5 kopjes warme, gekruide aardappelpuree,
- 24-ounce pakket pompoen
- 1½ kopjes opgeklopte amandelricottakaas
- 1 theelepel uienpoeder
- ½ theelepel nootmuskaat
- 1 theelepel zout
- ½ theelepel zwarte peper
- 1 kopje gefrituurde uien

INSTRUCTIES:
a) Verwarm de oven voor op 350 ° F.
b) Gebruik een kookspray om een ovenschaal van 9 x 13 inch te bestrijken.
c) Gooi de aardappelen, flespompoen, opgeklopte amandelricotta, uienpoeder, nootmuskaat, zout en zwarte peper samen in een grote mengkom.
d) Leg 3 noedels op de bodem van de voorbereide ovenschaal.
e) Verdeel 1/3 van het aardappelmengsel over de noedels. Herhaal de lagen nog twee keer.
f) Bak gedurende 45 minuten met aluminiumfolie erop; verwijder de folie en bak nog eens 8 tot 10 minuten, of tot ze bruin en warm zijn.

SALADES

30.Salade met cranberry-pecannoten

INGREDIËNTEN:
SALADE:
- 3 dozen biologische gemengde groenten
- 1 komkommer , geschild en gehakt
- 2 zakken gedroogde cranberries
- 2 kopjes gehakte pecannoten
- 2 kopjes veganistische Zwitserse kaas fijn versnipperd

DRESSING:
- 2 pakjes Italiaanse dressingmix

INSTRUCTIES:
a) Meng alle ingrediënten voor de salade .
b) Besprenkel met de dressing en serveer.

31. Veganistische Selderijsalade

INGREDIËNTEN:
- 1 kopje dunne gehakte stengels bleekselderij
- 1 eetlepel gehakte augurken
- 1 eetlepel veganistische mayonaise
- ¼ kopje zwarte olijven
- 1 eetlepel kappertjes
- Zwarte peper naar smaak

INSTRUCTIES:
a) Meng alle ingrediënten in een mengkom tot een pasta-achtige consistentie.
b) Schep een eetlepel van het mengsel op een cracker of slablad.
c) Voeg een olijf toe aan de cracker, of wikkel het slablad over de selderijsalade en zet het vast met een tandenstoker.
d) Serveer op een schaal.

32.Pompoen met appelsalade

INGREDIËNTEN:
- 2 delicateta -pompoenen, in stukken van ½ inch gesneden
- ½ kopje pareluien gehalveerd
- Extra vergine olijfolie, om te besprenkelen
- 2 eetlepels pepitas en/of pijnboompitten
- 2 kopjes gescheurde lacinato boerenkool, 2 tot 3 bladeren
- 6 salieblaadjes, gehakt
- Bladeren van 3 takjes tijm
- 1 gala-appel, in blokjes gesneden
- Zeezout en versgemalen zwarte peper

INSTRUCTIES:
a) Verwarm de oven voor op 425 graden Fahrenheit en bekleed een bakplaat met bakpapier.
b) Sprenkel olijfolie en snufjes zout en peper over de pompoen en uien op de bakplaat.
c) Gooi om te coaten en spreid het vervolgens uit op het laken zodat ze elkaar niet raken. Rooster gedurende 25 tot 30 minuten, of tot de pompoen aan alle kanten goudbruin is en de uien zacht en gekarameliseerd zijn.
d) Doe de pepitas met een snufje zout in een koekenpan op middelhoog vuur en rooster ze ongeveer 2 minuten, terwijl je regelmatig roert. Opzij zetten. Voeg de boerenkool, salie en tijm toe .
e) Combineer de warme geroosterde pompoen en uien, appels, de helft van de pepitas en de helft van de dressing in een ovenschaal. Toss.
f) Bak gedurende 8 tot 10 minuten .
g) Besprenkel met de resterende dressing en garneer vlak voor het serveren met de overgebleven pepitas .

33. Salade van bloemkool, druiven en linzen met curry

INGREDIËNTEN:
BLOEMKOOL
- 1 bloemkool, verdeeld in roosjes
- 1½ eetlepel gesmolten kokosolie
- 1½ eetlepel kerriepoeder
- ¼ theelepel zeezout

SALADE
- 5-6 kopjes gemengde groenten, boerenkool, spinazie
- 1 kop gekookte linzen, afgespoeld en uitgelekt
- 1 kop rode of groene druiven, gehalveerd
- Verse koriander
- Tahindressing

INSTRUCTIES
a) Verwarm de oven voor op 400 graden F.
b) Bekleed een bakplaat met bakpapier.
c) Voeg de bloemkool toe aan een mengkom en meng met kokosolie, kerriepoeder en zeezout.
d) Leg het op een bakplaat en rooster de bloemkool gedurende 20-25 minuten of tot hij goudbruin en gaar is.
e) Stel de salade samen door sla toe te voegen aan een serveerschaal of kom.
f) Bestrooi met linzen, druiven en gekookte bloemkool en serveer met dressing.
g) Garneer met verse koriander.

34. Linzen- en courgettesalade

INGREDIËNTEN:
- 150 g gedroogde linzen
- 400 ml Groentebouillon, gistvrij
- ½ citroen
- 2 teentjes knoflook
- 4 tomaten, zonder vel
- 1 ui
- 1 peper
- 1 stuk gember
- 1 courgette
- Een snuifje zaden
- Verse basilicum
- Giet kokosolie

INSTRUCTIES:
a) Kook de linzen in de groentebouillon en het sap van ½ citroen.
b) Fruit de ui met kokosolie.
c) Meng de courgette, knoflook, paprika, tomaten en gember erdoor en laat sudderen.
d) Werk af door de linzen, kruiden en zaden erdoor te roeren en aan te passen naar smaak.

35. Linzen- en appelsalade

INGREDIËNTEN:
VOOR DE SALADE:
- 2 kopjes Franse groene linzen
- 4 Granny Smith-appels, zonder klokhuis en in stukjes gesneden
- ½ kopje ongezouten zonnebloempitten, geroosterd
- ½ kopje verse koriander, gehakt

VOOR DE VINAIGRETTE:
- 2 theelepels verse gember, geraspt
- 2 theelepels rauwe ahornsiroop
- ½ kopje vers limoensap
- ½ kopje olijfolie
- Zout en gemalen zwarte peper

INSTRUCTIES:
a) Doe de linzen in een grote pan met water op hoog vuur en breng ze aan de kook.
b) Zet het vuur laag en kook 22 tot 25 minuten, afgedekt.
c) Laat het geheel uitlekken en plaats het in een grote mengkom om af te koelen.
d) Combineer de overige ingrediënten voor de salade in een grote mengkom.
e) Voeg in een andere kom alle ingrediënten voor de dressing toe en klop tot alles goed gemengd is.
f) Giet de dressing over het linzenmengsel en roer tot alles gemengd is.

36.C - ranberry Citrussalade

INGREDIËNTEN:
VOOR SALADE:
- 1 sinaasappel, geschild en verdeeld
- 1 grapefruit, geschild en gehakt
- 2 eetlepels ongezoete gedroogde veenbessen
- 3 kopjes gemengde bladsla

VOOR AANKLEDING:
- 2 eetlepels olijfolie
- 2 eetlepels vers sinaasappelsap
- 1 theelepel Dijon-mosterd
- ½ theelepel rauwe ahornsiroop
- Zout en gemalen zwarte peper

INSTRUCTIES:
a) Voor de salade: Doe alle ingrediënten in een slakom en meng.
b) Voor de vinaigrette: Doe alle ingrediënten in een andere kom en meng goed.
c) Druppel de dressing over de salade en roer door elkaar. Serveer meteen.

SOEPEN EN STOOFSCHOTEN

37. Feestelijke Pompoensoep

INGREDIËNTEN:
- 600 g pompoen, geschild en in stukjes gesneden
- 2 kopjes groentebouillon
- 1 theelepel komijnpoeder
- ½ kopje kokosmelk
- frituurolie
- 1 eetlepel citroengras, gehakt
- 1 gember, geschild en geraspt
- 2 kaffirlimoenblaadjes, gehakt
- 1 theelepel korianderzaad
- 1 rode paprika, zonder zaadjes en in plakjes gesneden
- 1 verse kurkuma, geschild en in plakjes gesneden
- Zwarte peper naar smaak
- 1 sjalot, gehakt
- 4 teentjes knoflook

INSTRUCTIES
a) Gooi de pompoen in de olie voordat je hem op de bakplaat legt en goudbruin roostert.
b) Verhit de olie in een pan en bak de sjalotten bruin.
c) Voeg komijn en koriander toe.
d) Voeg de kaffirblaadjes, kurkuma, gember, citroengras en chili toe en kook nog een minuut, al roerend om aanbranden te voorkomen.
e) Voeg de pompoen toe aan de bouillon, dek af en kook
f) nog eens 10 minuten sudderen .
g) Voeg de kokosmelk toe en kook 6 minuten .

38. Pompoensoep

INGREDIËNTEN:
- 3 kopjes rauwe pompoen, geschild, in blokjes
- 1 zoete aardappel, in blokjes
- 2 wortels, in plakjes gesneden
- ½ kopje ui, gehakt
- 1 eetlepel appelazijn
- 1 eetlepel bruine suiker
- 3 teentjes knoflook
- 1 liter groentebouillon

INSTRUCTIES:
a) Verwarm de oven voor op 300 ° F en bak de zoete aardappel en pompoenblokjes gedurende 45 minuten, of tot ze gaar zijn.
b) Breng een liter water aan de kook in een grote soeppan.
c) Kook gedurende 15 minuten met het aardappelmengsel, de ui en de wortels.
d) Haal van het vuur en laat 10 minuten afkoelen.
e) Meng azijn, suiker en knoflook in een blender en mix tot een gladde massa.
f) Roer door de soep en serveer.

39.Aardappel-preisoep

INGREDIËNTEN:
- 4 kopjes minerale bouillon
- 4 roodbruine aardappelen
- 3 preien
- 1 teentje knoflook
- 1 theelepel grijs zeezout
- ½ theelepel peper
- 2 eetlepels kokosolie

INSTRUCTIES:
a) Smelt de kokosolie in een pan op matig vuur. Fruit de aardappelen, prei en knoflook.
b) Voeg de bouillon toe en breng ze aan de kook, zet het vuur laag en laat het 20 minuten koken. Zorg ervoor dat de aardappelen gaar zijn.
c) Pureer de soep met een blender tot een fluwelig gladde massa.
d) Seseer en serveer.

40. Wintersoep met pastinaak

INGREDIËNTEN:
- 1½ kopjes gele ui – in dunne plakjes gesneden
- 1 kopje bleekselderij – in dunne plakjes gesneden
- 16 ons groentebouillon
- 3 kopjes babyspinazie
- 4 kopjes in blokjes gesneden pastinaak , geschild en in blokjes gesneden
- 1 eetlepel kokosolie
- ½ kopje kokosmelk

INSTRUCTIES:
a) Verhit de olie in een grote koekenpan op matig vuur en bak de uien en de bleekselderij .
b) Voeg de pastinaak en de bouillon toe en breng aan de kook.
c) Zet het vuur laag en dek af gedurende 20 minuten .
d) Voeg de spinazie toe, roer goed door elkaar, haal van het vuur en pureer de soep in gedeelten in een blender tot een gladde massa.
e) Voeg de kokosmelk toe en serveer onmiddellijk.

41. Linzen- en pompoenstoofpot

INGREDIËNTEN:
- 225 g bruine linzen, geweekt
- 2 bruine uien
- 750 ml tarwevrije groentebouillon
- 4 wortels
- ½ pompoen
- 1 zoete aardappel
- 2 witte aardappelen
- 1 stuk bleekselderij
- Een handvol verse tuinerwten
- Handvol waterkers
- 2 eetlepels verse dille
- 1 theelepel tamarisaus

INSTRUCTIES:
a) Brengen bouillon en uien in een pan aan de kook brengen.
b) Voeg de linzen, aardappelen, pompoen en wortel toe en laat 15 minuten sudderen.
c) Voeg de selderij, verse erwten, bladeren en dille toe.

42. Crème van maïsstoofpot

INGREDIËNTEN:

- 2 kopjes vers gesneden maïskorrels
- ¼ kopje vers gesneden uien
- 1 teentje knoflook
- 1 eetlepel kokosolie
- 1 recept plantaardige roomsoepbasis

INSTRUCTIES:

a) Roerbak de maïs , uien en knoflook in de kokosolie gedurende 5 minuten in een grote koekenpan.
b) mengsel in een blender met de gekoelde plantaardige roomsoepbasis.
c) Serveer onmiddellijk.

43. Pompoen Kikkererwten Kokos Curry

INGREDIËNTEN:
- 2 eetlepels olijfolie
- ½ kopje ui, in blokjes gesneden
- 3 teentjes knoflook, geperst of fijngehakt
- 1 eetlepel gember, geraspt
- 2½ kopjes pompoen, geschild en in blokjes
- 2½ eetlepel rode currypasta
- 14-ounce blikje kokosmelk
- 2 kopjes broccoli, in roosjes gesneden
- 1 kopje kikkererwten uit blik
- ½ kopje cashewnoten, ongezouten
- 1 eetlepel limoensap
- ¼ kopje koriander, gehakt

INSTRUCTIES:
a) Verhit de olie in een grote pan op middelhoog vuur. Voeg de ui, gember en knoflook toe.
b) Bak nog een minuut, of tot de uien zacht, transparant en geurig zijn.
c) Meng de currypasta en de pompoen erdoor. Kook nog een minuut.
d) Breng aan de kook, roer de kokosmelk erdoor. Zet het vuur laag en dek af.
e) Kook gedurende 15 minuten op laag vuur.
f) 5 minuten koken, onafgedekt.
g) Voeg de kikkererwten, cashewnoten en limoensap toe en roer om te combineren.
h) Garneer met koriander voor het serveren.

BIJGERECHTEN

44. Sesam Groene Bonen

INGREDIËNTEN:
- 2 pond sperziebonen, zonder steel
- 3 eetlepels sesamolie
- 1 eetlepel rijstazijn
- 1 eetlepel citroensap
- 1 theelepel verse geraspte gember
- 2 eetlepels sesamzaadjes
- ¼ theelepel koosjer zout

INSTRUCTIES:
a) Breng water aan de kook in een grote pan. Kook de sperziebonen tot ze knapperig en gaar zijn, 3 tot 4 minuten. Giet het water af en zet het opzij.
b) Meng de andere ingrediënten in een mengkom en klop tot alles goed gemengd is.
c) Meng de sperziebonen erdoor en roer goed door.
d) Voeg naar smaak versgemalen peper toe .

45. In de pan geschroeide wortelen

INGREDIËNTEN:
- 4 kopjes wortels, in plakjes gesneden
- 4 teentjes knoflook, in plakjes gesneden
- 1 theelepel olie
- 1 kopje gezuiverd water
- 1 theelepel zeezout

INSTRUCTIES:
a) Kook de knoflook in een pan op matig vuur en voeg het water toe.
b) Voeg de wortels toe en breng ze aan de kook, zet het vuur laag en dek af gedurende 10 minuten. Serveer onmiddellijk.

46.Veganistische Geschulpte Aardappelen

INGREDIËNTEN:
- 6-8 dun gesneden aardappelen
- 1 blik veganistische cheddarkaassoep
- kopjes geraspte veganistische cheddarkaas
- 12-ounce blikje amandelmelk
- Zout en peper

INSTRUCTIES:
a) Spuit de binnenkant van de crockpot in met kookspray.
b) Doe de helft van de gesneden aardappelen in de crockpot.
c) Voeg ½ blik soep in stukjes, ¾ kopje geraspte veganistische kaas en ½ kopje amandelmelk toe.
d) Breng op smaak met zout en peper.
e) Leg de overige ingrediënten in dezelfde volgorde als de eerste.
f) Kook gedurende 6 uur op de hoogste stand.

47. Gepureerde roodhuidaardappelen

INGREDIËNTEN:
- 10 pond roodhuidaardappelen
- 2 stokken plantaardige boter
- 2 kopjes plantaardige zure room
- ¾ kopje plantaardige melk
- 2 theelepel knoflookpoeder
- zout en peper naar smaak

INSTRUCTIES:
a) Kook de aardappelen in een grote pan tot ze zacht zijn.
b) Zeef in een vergiet.
c) Doe de verwarmde aardappelen in een mengkom.
d) Meng plantaardige boter met een mixer door de aardappelen.
e) Meng of pureer de overige ingrediënten erdoor .
f) Dienen.

48. Bloemkool Met Peren & Hazelnoten

INGREDIËNTEN:
- 6 eetlepels ongezouten plantaardige boter
- 1 bloemkool, in roosjes gesneden
- ½ kopje geroosterde, gehakte hazelnoten
- 8 verse salieblaadjes, in dunne plakjes gesneden
- Kosjer zout en gemalen zwarte peper
- 2 rijpe peren, klokhuis verwijderd en in dunne plakjes gesneden
- 2 eetlepels. gehakte verse bladpeterselie

INSTRUCTIES:
a) Smelt de plantaardige boter in een koekenpan van 30 cm op matig vuur tot hij licht goudbruin en borrelend is.
b) Voeg de bloemkool, walnoten en salie toe en kook, onder regelmatig roeren, gedurende 2 minuten.
c) Voeg 1 theelepel zout en ½ theelepel peper toe en laat nog 6 tot 7 minuten sudderen, af en toe keren, of tot de bloemkool bruin en knapperig gaar is.
d) Voeg de perenschijfjes en de peterselie toe en roer de peren voorzichtig door elkaar.
e) Voeg naar smaak extra zout toe.

49. Maïs Vla

INGREDIËNTEN:
- 4 kopjes maïs
- 1 Eetlepels plantaardige boter _ _
- 1 Eetlepel gehakte ui
- 1 Eetlepels bloem
- 1 kopje plantaardige crème
- Zout en peper

INSTRUCTIES:
a) Verwarm de oven voor op 3 25 graden Fahrenheit .
b) Fruit de uien in een pan met anti-aanbaklaag . Roer de bloem erdoor tot alles goed gemengd is .
c) Gooi de bevroren maïs erdoor, samen met eventuele vloeistof. Verhoog de temperatuur naar hoog.
d) Gooi de maïs totdat bijna al het vocht is verdampt.
e) Voeg de plantaardige crème en olie toe gedurende 2-3 minuten
f) Breng op smaak met zout en peper.
g) Klop het maïs-uienmengsel er langzaam door.
h) Giet het mengsel in een ovenschaal en bak ongeveer 30 minuten, of tot de custard gestold is .

50.Eenvoudige geroosterde spruitjes

INGREDIËNTEN:
- 4 kopjes spruitjes , geblancheerd
- Snufje verse tijm
- Zout en peper

INSTRUCTIES:
a) Meng de spruitjes met een beetje plantaardige olie .
b) Rooster de spruitjes in een oven van 400°C met een paar takjes verse tijm op een bakplaat.
c) Bedek de spruitjes de eerste 5 minuten met folie en verwijder vervolgens de folie voor de resterende 5 minuten.
d) Zout en peper de spruitjes en doe ze in een serveerschaal.

51.Gebakken maïs

INGREDIËNTEN:
- 1 pakje bevroren mais
- 1 eetlepel plantaardige boter
- 4-5 eetlepels plantaardige room
- Vers geraspte nootmuskaat
- Zout en peper
- ¼ theelepel gedroogde tijm

INSTRUCTIES:
a) plantaardige boter in een koekenpan met anti-aanbaklaag op matig vuur .
b) Voeg de maïs en de gedroogde tijm toe en roer tot bijna al het vocht is verdampt.
c) Giet de plantaardige crème erbij.
d) Breng op smaak met nootmuskaat, zout en peper.
e) Zet het vuur hoog en blijf koken totdat de maïs volledig bedekt is.

52. Bloemkool Met Kaassaus

INGREDIËNTEN:
- 1 krop bloemkool, geblancheerd
- 1 kopje plantaardige melk
- 1 kopje geraspte veganistische kaas
- 1½ Eetlepels plantaardige boter
- 1 theelepel Dijon-mosterd
- 1½ eetlepel bloem
- Zout en peper

INSTRUCTIES:
a) plantaardige boter in een pan met dikke bodem . Klop de bloem erdoor tot deze goed bevochtigd is met de boter.
b) Voeg de plantaardige melk toe en laat onder voortdurend roeren koken tot de saus is ingedikt.
c) Roer de vegan kaas erdoor tot alles goed gemengd is . Voeg naar smaak zout en peper toe.
d) Meng de bloemkool met de vegan kaassaus en serveer direct of houd hem warm in de oven.

53. Brandewijn geglazuurde wortelen

INGREDIËNTEN:
- 2 pond wortels, geschild en in munten gesneden
- ½ kopje bruine suiker
- ½ kopje plantaardige boter
- ½ kopje cognac Water

INSTRUCTIES:
a) Smelt de plantaardige boter in een koekenpan. Meng de wortels en de suiker met de boter .
b) Kook de wortels op matig vuur tot ze beginnen te karameliseren.
c) Vlam de cognac aan totdat deze opbrandt .
d) Terwijl het vocht verdampt, voeg je steeds een beetje water toe om de wortels gaar te houden en te voorkomen dat ze gaan plakken.
e) Kook tot het gewenste gaarheidsniveau is bereikt .

54. Vakantie Gestoofde Rapen

INGREDIËNTEN:
- ½ pond rapen , geschild en in partjes gesneden
- 2 Eetlepels tomatenpuree
- 2 Eetlepels veganistische boter
- 1 ui, geschild en in blokjes gesneden
- 1 theelepel gedroogde tijm
- 1 wortel, geschild en in blokjes gesneden
- 1 laurierblad
- 2 stengels bleekselderij, in blokjes gesneden
- Zout en peper
- 1½ kopje bouillon of water
- 2 Eetlepels veganistische boter, zacht
- 1 Eetlepels bloem _

INSTRUCTIES:
a) Smelt de vegan boter in een pan. Voeg de ui, selderij en wortel toe.
b) Kook ongeveer 5 minuten. Voeg de bouillon, tomatenpuree, tijm en laurier toe aan het mengsel van rapen en uien, wortelen en selderij.
c) Kook gedurende 30 tot 40 minuten, afgedekt, in een oven van 350 °F.
d) Terwijl de rapen aan het smoren zijn, maak je een pasta met veganistische boter en bloem.
e) Doe de rapen in een serveerschaal en houd ze warm in de braadpan.
f) Zeef de stoofvloeistof in een pan. Voeg stukjes van het veganistische boter-bloemmengsel toe aan de saus en klop tot het dikker wordt.
g) Breng op smaak met peper en zout en giet de saus over de rapen.

55. Gegratineerde aardappelen

INGREDIËNTEN:
- 2 pond aardappelen, geschild en in plakjes gesneden
- 2 eetlepels gesmolten plantaardige boter
- ½ theelepel zout
- ¼ theelepel zwarte peper
- 1 kopje geraspte veganistische Cheddar-kaas
- ¼ kopje vers broodkruimels

INSTRUCTIES:
a) Verwarm de oven voor op 425 ° F.
b) Gebruik een kookspray om een ondiepe braadpan van 1,5 liter te bestrijken.
c) Leg de gesneden aardappelen in de ovenschotel.
d) Besprenkel met gesmolten plantaardige boter en breng op smaak met peper en zout.
e) Garneer met broodkruim en geraspte vegan Cheddarkaas.
f) Kook gedurende 30 minuten, afgedekt, of tot de aardappelen gaar zijn .

56.Vakantie-roomspinazie

INGREDIËNTEN:
- 2 eetlepels plantaardige boter
- 2 eetlepels bloem voor alle doeleinden
- 20-ounce pakket bevroren gehakte spinazie, ontdooid en goed gedraineerd
- 1 kopje plantaardige slagroom
- ½ theelepel gemalen nootmuskaat
- ½ theelepel knoflookpoeder
- ½ theelepel zout

INSTRUCTIES:
a) Smelt plantaardige boter in een koekenpan op matig vuur; klop de bloem erdoor tot hij goudbruin is.
b) Voeg de resterende ingrediënten toe, meng goed en laat 3 tot 5 minuten sudderen, of tot ze goed gaar zijn.

57.Succotas

INGREDIËNTEN:
- 2 kopjes gestoomde maïs
- 2 kopjes Lima bonen , gekookt
- ½ theelepel zout
- Streepje peper
- 2 eetlepels kokosolie
- ½ kopje kokosmelk

INSTRUCTIES:
a) Meng de maïs en bonen door elkaar en breng op smaak met zout en peper.
b) Voeg de kokosmelk en olie toe en breng aan de kook.
c) Serveer onmiddellijk.

58.Brussel met pancetta

INGREDIËNTEN:
- ½ pond pancetta in blokjes gesneden
- 2-3 eetlepels olijfolie verdeeld
- 1 pond verse spruitjes
- 2 eetlepels ahornsiroop
- 1 eetlepel witte balsamicoazijn
- Kosjer zout en gemalen zwarte peper

INSTRUCTIES:
a) Verhit 1 eetlepel olijfolie in een gietijzeren koekenpan op matig vuur. Kook de pancetta tot hij aromatisch is en knapperig begint te worden. Laat uitlekken op een met keukenpapier beklede plaat en zet opzij.
b) Knip de uiteinden van de spruitjes af en snij ze vanaf de wortel tot aan de punten doormidden.
c) Leg de spruitjes met de snijkant naar beneden in een gelijke laag in de pan en kook 4-5 minuten, of tot de spruitjes bruin beginnen te worden en karameliseren. Draai ze dan om, breng op smaak met koosjer zout en zwarte peper, zet het vuur laag en dek af met een deksel.
d) Leg de pancetta terug naar de pan.
e) Meng met de resterende eetlepel olijfolie, ahornsiroop en balsamicoazijn en verwarm nog een minuut of twee .
f) Voeg naar smaak extra koosjer zout en gemalen zwarte peper toe en serveer.

59. Gebakken prei met Parmezaanse kaas

INGREDIËNTEN:
- 6 dunne preien, in de lengte gehalveerd
- 2 eetlepels olijfolie
- Kosjer zout
- Vers gemalen zwarte peper
- ¼ kopje droge of halfdroge witte wijn
- 3 eetlepels ongezouten groentebouillon
- 1 eetlepel ongezouten plantaardige boter
- 3 eetlepels vers geraspte Parmezaanse kaas

INSTRUCTIES:
a) Voeg de olie toe aan een grote koekenpan met dikke bodem en verwarm op matig vuur.
b) Als de olie heet is, legt u de prei in een enkele laag en snijdt u de zijkant naar beneden.
c) Gooi de prei met een tang tot ze lichtbruin zijn, 3-4 minuten.
d) Zout en peper de prei en draai ze met de snijkant naar beneden.
e) Roer de wijn erdoor om de pan te blussen. Vul de pot met voldoende bouillon om de bovenkant van de prei te bedekken.
f) Breng aan de kook, zet het vuur laag, dek af en kook gedurende 15-20 minuten, of tot de prei zacht is.
g) Voeg langzaam de plantaardige boter toe.
h) Leg de prei met de snijkant naar boven op een bord en beleg met vegan kaas.

60. Geroosterde bieten met citrus

INGREDIËNTEN:

- 6 tot 8 rode of gele bieten
- Extra vergine olijfolie, om te besprenkelen
- 1 navel oranje
- Dash Sherry-azijn of balsamicoazijn
- Sap van ½ citroen, of naar smaak
- Een handvol waterkersblaadjes, rucola of microgroenten
- Zeezout en gemalen zwarte peper
- veganistische kaas
- Gehakte walnoten of pistachenoten

INSTRUCTIES:

a) Verwarm de oven voor op 400 graden Fahrenheit.
b) Besprenkel de bieten royaal met olijfolie, snufjes zeezout en versgemalen zwarte peper .
c) Wikkel de bieten in folie en rooster ze 35 tot 60 minuten, of tot ze zacht en gaar zijn .
d) Haal de bieten uit de oven, verwijder de folie en leg ze opzij om af te koelen.
e) Pel de schillen als ze koel aanvoelen. Snijd ze in partjes of stukjes van 2,5 cm.
f) Snijd de sinaasappel in drieën en bewaar het resterende ¼ partje om uit te knijpen.
g) Meng de bieten met olijfolie en sherryazijn, citroensap, sinaasappelsap geperst uit de overgebleven wig en een paar snufjes zout en peper. Koel tot klaar om te serveren.
h) Voeg voor het serveren extra zout en peper of azijn naar smaak toe.
i) Leg de sinaasappelpartjes, waterkers en citruskrullen op een schaal.

61.Melasse Gepureerde zoete aardappelen

INGREDIËNTEN:
- 4 weet aardappelen , gesneden _ in stukjes van 1 inch
- 8 wortels, in stukjes van 1 inch gesneden
- 4 pastinaken , in stukken van 1 cm gesneden
- Kosjer zout
- 4 eetlepels. ongezouten plantaardige boter
- ¼ kopje plantaardige zure room
- ¼ kopje melasse
- 1 eetlepel. fijn geraspte verse gember
- ½ kopje half en half
- Vers gemalen zwarte peper

INSTRUCTIES:
a) Doe de zoete aardappelen, wortels en pastinaken in een pan en bedek ze met water.
b) Breng aan de kook, zet het vuur laag en laat 15 tot 20 minuten koken, of tot de groenten zacht zijn. Giet af en doe terug in de pan.
c) Droog de groenten in de pan en schud de pan af en toe om plakken te voorkomen .
d) Voeg de plantaardige boter, plantaardige zure room, melasse, gember en half om half toe.
e) Voeg zout en peper toe , proef en pas de kruiden aan voordat je het serveert .

62.Parel-uiengratin met Parmezaanse kaas

INGREDIËNTEN:
- 2 pond bevroren zilveruitjes, ontdooid
- 1 kopje plantaardige slagroom
- 34-inch takjes verse tijm
- Kosjer zout en gemalen zwarte peper
- 3 eetlepels ongezouten plantaardige boter, gesmolten
- 1 kopje grof vers broodkruim
- ¼ kopje geraspt cashew kaas
- ½ theelepel gedroogde hartige bladeren, verkruimeld

INSTRUCTIES:
a) Verwarm de oven voor op 400 graden Fahrenheit.
b) Verwarm de uien en het water in een pan .
c) Terwijl de uien warm worden, roer je ze en scheid je ze met een vork.
d) Zet het vuur middelhoog en kook 5 minuten zodra het water kookt.
e) Laat goed uitlekken en dep droog.
f) Meng in een pan op matig vuur de plantaardige room, tijm en ½ theelepel zout.
g) kook brengen . Verwijder de takjes tijm en gooi ze weg.
h) Bestrijk ondertussen 1 eetlepel plantaardige boter in een gratin- of ovenschaal.
i) Gooi de broodkruimels, cashewkaas, bonenkruid, de resterende 2 eetlepels gesmolten plantaardige boter, 12 theelepel zout en verschillende malen peper in een mengschaal.
j) Verdeel de uien in een ovenschaal. Verdeel het paneermeel over de uien en giet de room erover.
k) Bak ongeveer 30 minuten, of tot het broodkruim diep goudbruin is en de room krachtig kookt langs de randen.
l) Haal het uit de oven en laat het 10 minuten staan voordat je het serveert.

63.Zoete Aardappel & Prei Gratin

INGREDIËNTEN:
- 2 eetlepels. ongezouten plantaardige boter
- 2 eetlepels. olijfolie
- 6 ons pancetta, gesneden in dobbelstenen van 1/4 inch
- 2 prei, in plakjes van een halve centimeter dik
- ¼ kopje gehakte knoflook
- 2 kopjes plantaardige slagroom
- 3 eetlepels. verse tijmblaadjes
- Kosjer zout en gemalen zwarte peper
- 2 zoete aardappelen, geschild en in blokjes
- 3 roodbruine aardappelen, geschild en in blokjes

INSTRUCTIES:
a) Verwarm de oven voor op 350 graden Fahrenheit.
b) Verhit de plantaardige boter en olie in een pan op matig vuur. Kook de pancetta bruin, ongeveer 9 minuten. Gebruik een schuimspaan en breng het over op keukenpapier.
c) Voeg de prei en de knoflook toe aan de pan, dek af, zet het vuur laag en kook, onder regelmatig keren, ongeveer 5 minuten, of tot de prei zacht maar niet bruin is.
d) Voeg de plantaardige room toe, breng aan de kook, zet het vuur laag en laat 5 minuten koken.
e) Doe de pancetta, de tijm, 1 theelepel zout en peper naar smaak terug; opzij zetten.
f) Gebruik plantaardige boter en vet een braadpan van 2 liter in.
g) Schep 2 eetlepels preiroom gelijkmatig over de aardappelen.
h) Verdeel er een laag zoete aardappelen over, kruid lichtjes en bedek met nog eens 2 eetlepels preiroom.
i) Ga door met de overige aardappelen tot ze allemaal op zijn. Sprenkel de overgebleven preiroom over de aardappelen en druk stevig aan.
j) Bak gedurende 50 tot 60 minuten, of tot de bovenkant bruin is en de aardappelen in het midden zacht zijn als je er met een vork in prikt.
k) Dienen.

64. Geroosterde champignons in een bruine boter

INGREDIËNTEN:
- 1 pond champignons
- 1 eetlepel olie
- zout en peper naar smaak
- ¼ kopje plantaardige boter
- 2 teentjes knoflook, gehakt
- 1 theelepel tijm, gehakt
- 1 eetlepel citroensap
- zout en peper naar smaak

INSTRUCTIES:
a) Meng de champignons met de olie, het zout en de peper, spreid ze vervolgens in een enkele laag uit op een bakplaat en rooster ze gedurende 20 minuten, of tot ze beginnen te karamelliseren, terwijl je halverwege roert.
b) Smelt de plantaardige boter in een pan tot deze heerlijk hazelnootbruin wordt, haal dan van het vuur en roer de knoflook, tijm en citroensap erdoor.
c) Meng de geroosterde champignons in een mengkom met de gebruinde plantaardige boter en breng op smaak met zout en peper!

65. Gebakken appels met gember

INGREDIËNTEN:
- 3 appels, geschild, klokhuis verwijderd en in plakjes gesneden
- 1 eetlepel geraspte verse gember
- 1 theelepel gemalen kaneel
- 3,5 oz. Stevia-poeder
- snufje zeezout
- 2 eetlepels amandelolie

INSTRUCTIES:
a) Verhit de amandelolie in een koekenpan met antiaanbaklaag tot het kookt .
b) Voeg de gember, appels, kaneel, stevia en zout toe.
c) Kook gedurende 8 minuten .

NAGERECHT

66. Pecantaart-ijs

INGREDIËNTEN:
- 2 kopjes plantaardige melk
- 1 kopje plantaardige slagroom
- ½ kopje lichtbruine suiker
- 1 theelepel vanille-extract
- 1 kop grof gehakte pecannoten
- ⅔ kopje ahornsiroop
- 2 eetlepels gesmolten ongezouten plantaardige boter
- ¼ theelepel koosjer zout

INSTRUCTIES:
a) Meng in een pot de plantaardige melk en plantaardige crème.
b) Voeg de suiker toe en meng goed. Verhit op matig vuur tot het verbrand is.
c) Klop een paar eetlepels van het hete plantaardige melkmengsel in de pan.
d) Terwijl het mengsel afkoelt, blijft u nog 5 minuten of langer roeren. Meng het vanille-extract erdoor.
e) Schep de custard in een kom, dek af en zet 6 uur of een hele nacht in de koelkast.
f) Rooster de pecannoten in een zware koekenpan op matig vuur . Roer ze rond tot ze lichtbruin zijn. Haal de pan van het vuur. Voeg de ahornsiroop, plantaardige boter en zout naar smaak toe.
g) Roer om de pecannoten gelijkmatig te bedekken . Zet het mengsel in de koelkast.
h) Giet de gekoelde vla in uw ijsmachine en laat 40 tot 50 minuten draaien, of totdat het mengsel de consistentie van zacht ijs heeft.
i) Doe het in een mengschaal. Roer de afgekoelde noten en siroop erdoor.
j) Vries het ijs in een of meer bakjes gedurende minimaal 2 uur in, of tot het stevig is.

67. Broodpudding met kaneelchips

INGREDIËNTEN:
BROOD PUDDING:
- 2 kopjes plantaardig Half en Half
- 2 eetlepels plantaardige boter
- 1/3 kopje suiker
- ¼ theelepel gemalen nootmuskaat
- 1 theelepel vanille-extract
- 3 kopjes brood, in stukjes gescheurd
- Een handvol kaneelchips

VANILLE MELK:
- 1 kopje plantaardige melk
- ¼ kopje plantaardige boter
- 1/3 kopje suiker
- 1 theelepel vanille
- 1 eetlepels bloem
- ½ theelepel zout

INSTRUCTIES:
BROOD PUDDING:
a) Laat Half & Half en plantaardige boter in een pan op matig vuur sudderen.
b) Klop in een aparte schaal de nootmuskaat en het vanille-extract door elkaar. Klop het verwarmde plantaardige melk- en plantaardige botermengsel er goed door.
c) Scheur het brood in stukjes en doe het in een voorbereide ovenschaal.
d) Verdeel het mengsel erover en bestrooi met kaneelchips.
e) Dek af met folie en bak gedurende 30 minuten op 350 graden.
f) Verwijder de folie en bak nog eens 15 minuten.

WARME VANILLEMELK:
g) Smelt de plantaardige boter en meng de bloem erdoor tot een pasta.
h) Voeg de plantaardige melk, suiker, vanille en zout toe en breng aan de kook, onder regelmatig roeren, gedurende 5 minuten, of tot het indikt tot een siroop.
i) Giet de saus over de warme broodpudding en serveer onmiddellijk.

68.Gebakken Karamel Appels

INGREDIËNTEN:
- 24 appels geschild, klokhuis verwijderd en in stukjes gesneden
- 3 kopjes bruine suiker
- ¾ kopje water
- 6 eetlepels plantaardige boter
- 3 theelepel zout
- 6 eetlepels bloem
- extra plantaardige boter voor het dotten
- snufje kaneel

INSTRUCTIES:
a) Verwarm de oven voor op 350 graden Fahrenheit.
b) Meng in een pan alle sausingrediënten en breng aan de kook; de saus zal dikker worden en veranderen in een karamel/jus-textuur.
c) Verdeel de appels gelijkmatig tussen twee bakplaten van 9x13 inch en bedek ze vervolgens met gelijke hoeveelheden karamelsaus.
d) Verdeel de plantaardige boter erover en strooi er kaneel over.
e) Bak afgedekt gedurende 1 uur, roer na 30 minuten.

69.Geef Bedankt Pompoentaart

INGREDIËNTEN:
- 30-ounce blikje Pumpkin Pie Mix
- ⅔ kopje plantaardige melk
- 1 ongebakken taartvorm van 9 inch

INSTRUCTIES:
a) Verwarm de oven voor op 425 graden Fahrenheit.
b) Meng in een mengkom de pompoentaartmix en de plantaardige melk.
c) Giet de vulling in de taartvorm.
d) Bak gedurende 15 minuten in de oven.
e) Verhoog de temperatuur tot 350 ° F en bak nog eens 50 minuten.
f) Schud het zachtjes om te zien of het volledig gebakken is.
g) Laat 2 uur afkoelen op een rooster.

70. Vakantie Pompoen Trifle

INGREDIËNTEN:
TAART:
- 1 doos Spice Cake , verkruimeld met de handen
- 1 ¼ kopjes water

PUDDINGVULLING:
- 4 kopjes plantaardige melk
- 4 ons butterscotch-puddingmix
- 15-ounce blikje pompoenmix
- 1½ theelepel Pompoenkruiden
- 12 ons lichte plantaardige slagroom

INSTRUCTIES:
a) Combineer alle cake -ingrediënten in een vierkante bakvorm van 20 cm en bak gedurende 35 minuten, of tot ze stevig zijn.
b) Laat afkoelen op het fornuis of op een rooster.
c) Meng in een mengkom de plantaardige melk en de puddingmix.
d) Laat het een paar minuten indikken. Meng de pompoen en kruiden er goed door.
e) Begin met het aanbrengen van laagjes op een vierde deel van de cake , dan de helft van het pompoenmengsel , dan een vierde van de cake en de helft van de plantaardige slagroom.
f) Herhaal de lagen
g) Garneer met opgeklopte topping en cakekruimels . Koel tot klaar om te serveren

71. Pompoendumptaart

INGREDIËNTEN:
- 30-ounce pompoentaartpuree
- 2 lijneieren
- 1 blikje plantaardige melk
- ½ doos gele cakemix
- 1 kop gehakte walnoten
- ½ kopje plantaardige boter

INSTRUCTIES:
a) Verwarm de oven voor op 350 graden Fahrenheit.
b) Meng met een mixer de pompoentaartpuree en plantaardige melk grondig.
c) Giet de ingrediënten in een pan van 11x7 of 8x8 .
d) Klop er een ½ doos droge cakemix erbovenop.
e) Werk af met gehakte walnoten en ½ kopje gesmolten plantaardige boter.
f) Bak ongeveer 40 minuten .
g) Laat afkoelen tot klaar om te serveren.

72.Vakantie Chiapudding

INGREDIËNTEN:
- 1 blik biologische kokosmelk en 1 blik water , combineer d
- 8 eetlepels chiazaad
- ½ theelepel biologisch vanille-extract
- 2 eetlepels bruine rijstsiroop

INSTRUCTIES:
a) Meng kokosmelk, water, bruine rijstsiroop en chiazaad in een mengkom.
b) Meng alles gedurende tien minuten.
c) Zet 30 minuten in de koelkast voordat u het serveert.
d) Voeg 1 theelepel gemalen vanille of ½ theelepel biologisch vanille-extract toe aan het mengsel.
e) Schep het mengsel in dessertkommen en bestrooi met vanillepoeder of versgemalen nootmuskaat.
f) Door het een nacht te laten staan, krijgt het een stevige textuur .

73. Pompoenmousse

INGREDIËNTEN:
- 2 kopjes pompoen, geschild en in blokjes
- 1 kopje water
- 1 theelepel citroensap
- 1 kop cashewnoten of pijnboompitten
- 4 dadels – ontpit en stengels verwijderd
- ½ theelepel kaneel
- 1 theelepel nootmuskaat
- 2 theelepels biologisch vanille-extract

INSTRUCTIES:
a) Doe alle ingrediënten in een blender en mix ongeveer 5 minuten, of tot alles goed gemengd is.
b) Breng over naar individuele serveerbekers of een grote serveerschaal.
c) Dit kan een nacht in de koelkast worden bewaard, waarna de smaken zich vermengen, waardoor het nog pittiger wordt.
d) Besprenkel voor het serveren met ahornsiroop.

74. Zuidelijke zoete aardappeltaart

INGREDIËNTEN:
- 2 kopjes geschilde, gekookte zoete aardappelen
- ¼ kopje gesmolten plantaardige boter
- 1 kopje suiker
- 2 eetlepels bourbon
- ¼ theelepel zout
- ¼ theelepel gemalen kaneel
- ¼ theelepel gemalen gember
- 1 kopje plantaardige melk

INSTRUCTIES:
a) Verwarm de oven voor op 350 graden Fahrenheit.
b) Behalve de plantaardige melk, meng alle ingrediënten volledig in een elektrische mixer.
c) Voeg de plantaardige melk toe en blijf roeren zodra alles volledig gemengd is .
d) Giet de vulling in de taartvorm en bak gedurende 35-45 minuten, of totdat een mes dat in het midden wordt gestoken er schoon uitkomt.
e) Haal het uit de koelkast en laat het afkoelen tot kamertemperatuur voordat je het serveert.

75.Brownies met zoete aardappel en koffie

INGREDIËNTEN:
- 1/3 kopje vers gezette warme koffie
- 1 ons ongezoete chocolade, gehakt
- ¼ kopje canola-olie
- ⅔ kopje zoete aardappelpuree
- 2 theelepels puur vanille-extract

INSTRUCTIES:
a) Verwarm de oven voor op 350 graden Fahrenheit.
b) Meng de koffie en 1 ounce chocolade in een kom en zet dit 1 minuut opzij.
c) Meng in een mengkom de olie, zoete aardappelpuree, vanille-extract, suiker, cacaopoeder en zout. Meng totdat alles goed gemengd is.
d) Meng de bloem en het bakpoeder in een aparte kom. Voeg de chocoladestukjes toe en meng goed.
e) Roer met een spatel de droge ingrediënten voorzichtig door de natte totdat alle ingrediënten zijn gemengd .
f) Giet het beslag in de ovenschaal en bak gedurende 30-35 minuten, of totdat een tandenstoker die je in het midden steekt er schoon uitkomt.
g) Laat volledig afkoelen.

76. Vakantie Maïssoufflé

INGREDIËNTEN:
- 1 ui
- 5 pond bevroren suikermaïs
- 6 kopjes veganistische Jack-kaas , versnipperd
- 1 theelepel zout

INSTRUCTIES:
a) Fruit de ui in een koekenpan in olijfolie. Opzij zetten.
b) Maal maïs in een keukenmachine.
c) Combineer en roer de andere ingrediënten erdoor, inclusief de gebakken ui.
d) Plaats in een 8x14 ovenschaal die is beboterd .
e) Bak ongeveer 25 minuten op 375 ° F, of tot de bovenkant goudbruin is.

77. Cranberry-ijs

INGREDIËNTEN:
CRANBERRY PUREE
- ¼ kopje water
- ¼ theelepel zout
- 12 oz verse veenbessen, schoongemaakt en gesorteerd
- 2 eetlepels vers geperst sinaasappelsap

IJSJE
- 1½ kopjes plantaardige zware room
- 1½ kopje plantaardige melk
- 1 kopje suiker
- 1¼ kopjes cranberrypuree

INSTRUCTIES:
CRANBERRY PUREE:
a) Verwarm het water, het zout en de veenbessen gedurende 6-7 minuten op matig vuur.
b) Haal van het vuur en laat 10 minuten afkoelen.
c) Pureer de veenbessen en het sinaasappelsap in een blender of keukenmachine.
d) Zet de cranberrypuree enkele uren in de koelkast.

IJSJE
e) Combineer de plantaardige room, plantaardige melk, suiker en cranberrypuree in een mengkom.
f) Draai de ingrediënten in een ijsmachine volgens de aanwijzingen van de fabrikant.
g) Breng het bevroren mengsel over naar een gekoeld ijscontainer.
h) Laat minimaal 4-6 uur invriezen.
i) Ontdooi 5-10 minuten in de koelkast voordat u het serveert.

78.Walnoot Petites

INGREDIËNTEN:
- 8 ons plantaardige roomkaas, verzacht
- 1 kopje ongezouten veganistische boter, verzacht
- 2 kopjes All-purpose Flour
- 2 lijneieren
- 1½ kopjes verpakte bruine suiker
- 2 kopjes gehakte walnoten

INSTRUCTIES:
a) Verwarm de oven voor op 350 graden Fahrenheit.
b) Klop met een elektrische mixer de plantaardige roomkaas en boter tot een gladde massa.
c) Zeef de bloem en een beetje zout erdoor en roer tot het deeg ontstaat. Snijd het deeg in vier stukken en zet het minimaal 1 uur in de koelkast, verpakt in plasticfolie .
d) Rol elk stuk deeg in 12 balletjes en druk elke bal in de bodem en langs de randen van een mini-muffinbeker om een deegschaal te maken. Koel tot klaar voor gebruik.
e) Klop in een mengkom de lijneieren, de bruine suiker en een snufje zout tot een gladde massa en vouw de walnoten erdoor.
f) Doe in elke bladerdeegschaal 1 lepel vulling
g) Bak de taart in gedeelten in het midden van de oven gedurende 25 tot 30 minuten, of totdat de vulling borrelt en het deeg licht goudbruin is.
h) Breng over naar een koelrek.

79. Vakantie Wortelsoufflé

INGREDIËNTEN:
SOUFFLÉ:
- 2 pond verse wortels, geschild en gekookt
- ⅔ kopje suiker
- 6 eetlepels matzoh -maaltijd
- 2 theelepel vanille
- 2 stokken plantaardige boter, gesmolten
- Scheutje nootmuskaat
- 6 eetlepels bruine suiker
- 4 eetlepels plantaardige boter, gesmolten

TOPPING:
- 1 kop gehakte walnoten

INSTRUCTIES:
a) Pureer alle soufflé-ingrediënten in een keukenmachine.
b) Verwerk tot een gladde massa.
c) Bak gedurende 40 minuten in een ingevette bakvorm van 9x13 op 350 ° F.
d) Voeg de topping toe en bak nog eens 5-10 minuten.

80. Pompoenvlaai

INGREDIËNTEN:
- ¾ kopje suiker
- ½ theelepel puur esdoornextract
- 2 theelepels geraspte sinaasappelschil
- ½ theelepel fleur de sel
- 1½ theelepel gemalen kaneel
- ½ theelepel gemalen nootmuskaat
- 28-ounce blikje plantaardige melk
- 1 kopje pompoenpuree
- ½ kopje Italiaanse mascarpone
- 1 theelepel puur vanille -extract t

INSTRUCTIES:
a) Meng de suiker, ahornsiroop en water in een pan met dikke bodem.
b) Kook op een laag kookpunt, af en toe roerend, gedurende 5-10 minuten, of tot het mengsel goudbruin wordt en een temperatuur van 230°F bereikt.
c) Haal de pan van het vuur, klop de fleur de sel erdoor en giet het meteen in een grote ronde cakevorm.
d) Meng in een mengkom de plantaardige melk, pompoenpuree en mascarpone; klop op lage snelheid tot een gladde massa.
e) Klop de vanille, het esdoornextract, de sinaasappelschil, de kaneel en de nootmuskaat samen in een mengkom.
f) Giet het pompoenmengsel langzaam in de pan met de karamel, zodat ze niet vermengen.
g) Plaats de cakevorm in een braadslede en giet voldoende heet water in de braadslee tot halverwege de randen van de cakevorm.
h) Bak gedurende 70-75 minuten in het midden van de oven, tot de custard nauwelijks gestold is.
i) Haal de vlaai uit het waterbad en laat volledig afkoelen op een koelrek. Zet minimaal 3 uur in de koelkast.
j) Ga met een mesje langs de rand van de vlaai.
k) Draai de cakevorm om op een plat serveerbord met een lichte rand en draai de vlaai op het bord. De karamel moet over de zijkanten van de vlaai druppelen.
l) Snijd in punten en serveer met een lepel karamel bovenop elk plakje.

81. Landelijke maïsschotel

INGREDIËNTEN:
- 2 kopjes maïskorrels
- 1 theelepel suiker
- 1 theelepel vanille-extract
- 1 theelepel zout
- ¼ theelepel zwarte peper
- 1 kopje plantaardige melk
- 1 eetlepel plantaardige boter, gesmolten
- 2 eetlepels crackerkruimels

INSTRUCTIES:
a) Verwarm de oven voor op 350 ° F.
b) Meng alle ingrediënten in een mengkom.
c) Giet het in een niet-ingevette braadpan van 1,5 liter.
d) Bak gedurende 40-50 minuten, of tot ze goudbruin zijn.

82. Cranberry-pecannotensaus

INGREDIËNTEN:
- 1 pitloze sinaasappel, in stukjes gesneden
- 1 appel, zonder klokhuis en in stukjes gesneden
- 2 kopjes verse veenbessen
- ½ kopje suiker
- ¼ kopje pecannoten

INSTRUCTIES:
a) Combineer alle ingrediënten in een keukenmachine.
b) Laat het 1 tot 2 minuten verwerken, waarbij u indien nodig de zijkanten van de container schraapt, of tot het fijngehakt en volledig gemengd is.
c) Serveer onmiddellijk, of laat afkoelen tot het klaar is om te serveren in een luchtdichte verpakking.

83.Aardappel-Hashcakes

INGREDIËNTEN:
- 2 kopjes aardappelpuree
- ¼ kopje gehakte uien
- ¼ kopje gehakte groene paprika
- ¼ kopje droge broodkruimels
- 1 theelepel zout
- ¾ theelepel zwarte peper
- ¼ theelepel knoflookpoeder
- ¼ theelepel paprikapoeder
- ¼ kopje gehakte peterselie
- ½ kopje plantaardige olie

INSTRUCTIES:
a) In een mengkom alle ingrediënten behalve de olie door elkaar kloppen.
b) Maak pannenkoeken van het mengsel.
c) Verhit voldoende olie om een koekenpan op matig vuur te bestrijken; bak de pannenkoeken aan elke kant, voeg indien nodig meer olie toe, tot ze goudbruin zijn en laat ze vervolgens uitlekken op keukenpapier.
d) Serveer onmiddellijk.

84. Appelcrunch-schoenmaker

INGREDIËNTEN:
- 4 appels , geschild en in plakjes gesneden
- 2 kopjes granola-ontbijtgranen, verdeeld
- ½ kopje gouden rozijnen
- ¼ kopje ahornsiroop
- ¼ kopje verpakte bruine suiker
- 2 eetlepels plantaardige boter, gesmolten
- 1 theelepel vanille-extract
- 1 theelepel gemalen kaneel
- ¼ theelepel gemalen nootmuskaat
- 1/8 theelepel gemalen kruidnagel
- 8 kopjes plantaardig vanille-ijs

INSTRUCTIES:
a) Verwarm de appels zachtjes in een slowcooker van 4 liter .
b) Meng granola-granen en de volgende 8 in een kom ingrediënten ; strooi er appels over.
c) Kook op LAAG gedurende 6 uur, afgedekt.
d) Serveer de appels op plantaardig vanille-ijs.

85.Kleverige Amish Karameltaart

INGREDIËNTEN:
- 2 kopjes lichtbruine suiker
- 1 kopje water
- 1 eetlepel plantaardige boter
- ¾ kopje bloem voor alle doeleinden
- ¾ kopje plantaardige melk
- 1 theelepel vanille-extract
- 9-inch gebakken taartbodem
- 1 kopje pecannotenhelften

INSTRUCTIES:
a) Breng bruine suiker, water en plantaardige boter aan de kook in een pan op matig vuur; Laat 3 tot 5 minuten sudderen, onder regelmatig roeren.
b) Meng in een kom de bloem en de plantaardige melk.
c) Voeg het bloemmengsel langzaam toe aan het kokende mengsel gedurende 3 tot 5 minuten, onder regelmatig roeren.
d) Haal van het vuur, meng het vanille-extract erdoor en laat het 5 minuten afkoelen.
e) Giet de vulling in een gekookte taartbodem en beleg met de pecannoothelften.
f) Zet het 30 minuten opzij om af te koelen voordat u het 8 uur of een nacht in de koelkast zet.

86. Herfstbladeren

INGREDIËNTEN:
- 1 opgerolde, gekoelde taartbodem
- 2 eetlepels plantaardige boter, gesmolten

INSTRUCTIES:
a) Verwarm de oven voor op 350 ° F.
b) Knip bladvormen uit de taartbodem met een sjabloon, een scherp mes of een koekjesvormer.
c) Kerf lijnen op "blad"-uitsparingen met een mes zodat ze lijken op aderen op echte bladeren, maar snij niet door de korst.
d) Om tijdens het bakken een natuurlijke ronding te creëren, plaatst u de uitsparingen op een bakplaat of drapeert u deze over opeengestapelde aluminiumfolie.
e) B Bestrijk de uitsparingen met gesmolten plantaardige boter.
f) Bak gedurende 3 tot 5 minuten, tot ze goudbruin zijn.

87.Fruitcompote oogsten

INGREDIËNTEN:
- 5 appels, in stukjes van 1 inch gesneden
- 3 peren, in stukjes van 1 inch gesneden
- 3 sinaasappels, geschild en in partjes
- 12-ounce pakket verse veenbessen
- 1½ kopje appelsap
- 1½ kopjes verpakte lichtbruine suiker

INSTRUCTIES:
a) Doe alle ingrediënten in een soeppan en breng op matig vuur aan de kook.
b) Zet het vuur lager en kook, onder regelmatig roeren, gedurende 10 tot 15 minuten, of tot het fruit zacht is.
c) Nadat het fruit is afgekoeld, schep je het in een luchtdichte verpakking en bewaar je het daar tot het klaar is om te serveren.

88.Vakantie cranberrytaart

INGREDIËNTEN:
- 2 taartbodems _
- 1 pakje gelatine; sinaasappel smaak
- ¾ kopje Kokend water
- ½ kopje sinaasappelsap
- 8-ounce blik gelei-cranberrysaus
- 1 theelepel Geraspte sinaasappelschil
- 1 kopje Koude plantaardige melk
- 1 pakje Jell-O instantpudding, Franse vanille- of vanillesmaak
- 1 kopje Cool Whip opgeklopte topping
- Berijpte veenbessen

INSTRUCTIES:
a) Verwarm de oven voor op 450 ° F
b) Breng de gelatine aan de kook en los deze op. Giet het sinaasappelsap erbij. Plaats de kom in een grotere ijs- en waterkom. Laat het 5 minuten staan, onder regelmatig roeren, tot de gelatine iets is ingedikt.
c) Voeg de cranberrysaus en de sinaasappelschil toe en roer om te combineren. Vul de taartbodem met de vulling. Laat het ongeveer 30 minuten afkoelen, of tot het stevig is.
d) Doe het in een kom en giet de helft om de helft . Meng het taartvullingmengsel erdoor. Klop tot het volledig gemengd is.
e) Zet 2 minuten opzij, of tot de saus iets is ingedikt. Spatel als laatste de opgeklopte topping erdoor.
f) Verdeel het gelatinemengsel er voorzichtig over. Laat het 2 uur afkoelen of tot het stijf is.
g) Indien gewenst, bedek met meer opgeklopte topping en Frosted Cranberries.

89. Sprankelende veenbessen

INGREDIËNTEN:
- 1 kopje pure ahornsiroop
- 2 kopjes verse veenbessen
- 1 kopje suiker
- Perkament

INSTRUCTIES:
a) Kook de ahornsiroop gedurende 1 tot 2 minuten in een pan op middelhoog vuur.
b) Haal van het vuur en meng de cranberries erdoor.
c) Koel gedurende 8 tot 12 uur, afgedekt.
d) D laat de veenbessen regenen.
e) Gooi 4 tot 5 veenbessen tegelijk door de suiker en roer voorzichtig om ze te coaten.
f) Leg de veenbessen in een enkele laag op een bakplaat bedekt met bakpapier en zet opzij om volledig te drogen.

90.Veganistische pompoentaart

INGREDIËNTEN:
- 2 kopjes geblancheerd amandelmeel
- ½ kopje lijnzaadmeel
- 2 theelepels gemalen kaneel
- een paar druppels stevia
- ½ theelepel natriumarm zout
- 1 kopje pompoenpuree
- 1 eetlepel vanille-extract

INSTRUCTIES:
a) Combineer het amandelmeel, lijnzaadmeel, kaneel en natriumarm zout
b) Klop in een aparte kom de pompoen en het vanille-extract .
c) Combineer de droge en natte ingrediënten tot een beslag .
d) Schep het beslag op een beklede pan .
e) B aak op 350°F gedurende 25 minuten.

91.Pompoen crème

INGREDIËNTEN:
- 1 kopje pompoen
- 1 theelepel gemalen kaneel
- ¼ theelepel gemalen gember
- 2 snufjes vers geraspte nootmuskaat
- snufje zout
- 1 kopje kokosmelk
- 8-10 druppels vloeibare stevia
- 1 theelepel biologisch vanille-extract

INSTRUCTIES:
a) Verwarm uw oven voor op 350ºC.
b) Meng de pompoen en kruiden in een schaal.
c) Meng de andere ingrediënten erdoor tot ze volledig gemengd zijn.
d) Breng het mengsel over in 6 schaaltjes.
e) doe de mosselen in een ovenschotel,
f) Voeg water toe aan de braadpan rond de schaaltjes.
g) Bak minimaal 1 uur.

92. Chocolade -snoep cheesecake

INGREDIËNTEN:
- 9-ounce doos chocoladewafelkoekjes; verpletterd
- ¼ kopje suiker
- ¼ kopje plantaardige boter; gesmolten
- 2 Met chocolade omhulde karamel-pinda-nougatrepen; grof gesneden
- 2 pakken plantaardige roomkaas; verzacht
- ½ kopje suiker
- ¾ kopje halfzoete chocoladestukjes; gesmolten
- 1 theelepel vanille
- plantaardige slagroom

INSTRUCTIES:
a) Combineer de eerste 3 ingrediënten; druk het mengsel gelijkmatig op de bodem en 1-½ "bovenkant van de 9" springvorm .
b) Strooi de gehakte nougatrepen gelijkmatig over de bodem; opzij zetten.
c) Klop de plantaardige roomkaas op hoge snelheid met een mixer tot het licht en luchtig is.
d) Voeg geleidelijk suiker toe en meng goed.
e) Roer chocoladestukjes en vanille erdoor; klop tot het gemengd is. Schep de snoeplaag erover. Bak op 350 ° gedurende 30 minuten.
f) Haal het uit de oven en ga met een mes langs de randen van de pan om de zijkanten los te maken.
g) Laat afkoelen tot kamertemperatuur op een rooster.
h) Dek af en laat minimaal 8 uur afkoelen.
i) Haal de cheesecake uit de pan om te serveren ; pijp of klodder plantaardige slagroom erop.

DRANKJES

93. Kerstliederen punch

INGREDIËNTEN:
- 2 mediums Rode appels
- Sinaasappelschijfjes
- 2 theelepels Hele kruidnagels
- ½ kopje rozijnen
- 8 Kaneelstokjes
- ¼ kopje Citroensap
- 2 liter Heldere appelcider
- Schijfjes citroen

INSTRUCTIES:
a) Kernappels, snijd ze in ringen van ½ inch .
b) Meng in een Nederlandse oven cider, kaneel, kruidnagel, appelringen en rozijnen.
c) Aan de kook brengen; Zet het vuur lager en laat 5 tot 8 minuten sudderen, of tot de appels zacht zijn.
d) Voeg sinaasappel- en citroenschijfjes en citroensap toe.
e) Giet in een punchkom.
f) Schep in grote mokken, inclusief een appelring, wat rozijnen, kruiden en plakjes citrus in elke portie.
g) Serveer met lepels.
h) Als het extreem koud weer is, voeg dan wat cognac toe, of voeg de cognac toch toe.

94.Zoete thee

INGREDIËNTEN:
- 1 gallon kokend water
- 3 zwarte theezakjes voor gezinnen
- 2½ kopjes kristalsuiker
- ¼ theelepel zuiveringszout
- Muntblaadjes, voor garnering

INSTRUCTIES:
a) Giet het hete water in een kan en voeg het toe aan de theezakjes.
b) Laat de theezakjes 15 tot 20 minuten zitten en verwijder ze dan.
c) Giet de suiker en baking soda erbij. Roer tot de suiker en het zuiveringszout zijn opgelost.
d) Dek de thee af en zet hem ongeveer 2 uur in de koelkast tot hij lekker koud is.
e) Garneer met munt voor het serveren.

95.Versgeperste limonade

INGREDIËNTEN:
- Sap van 8 grote citroenen
- 6 kopjes water
- 1¼ kopjes kristalsuiker
- 1 citroen, in plakjes gesneden

INSTRUCTIES:
a) Meng het citroensap met het water en de suiker in een grote kan.
b) Roer tot de suiker is opgelost. Zet in de koelkast tot het koud is, ongeveer 1 uur.
c) Giet de limonade over ijs en voeg een schijfje citroen toe aan elk glas voordat je het serveert.

96.Blackberry-wijnslushies

INGREDIËNTEN:
- 3 kopjes bevroren bramen
- 1 fles Blackberry Merlot
- ¼ kopje poedersuiker
- Muntblaadjes, voor garnering

INSTRUCTIES:
a) Doe de bramen in een blender en giet de merlot erbij.
b) Strooi de poedersuiker erdoor.
c) Blend alles totdat het mooi glad is.
d) Garneer met munt.

97. Citrus-sangria

INGREDIËNTEN:
- Moscato van 750 milliliter
- 1½ kopje ananassap
- 1 kopje witte rum
- 1 kopje ananasstukjes
- 2 limoenen, in plakjes gesneden
- 2 sinaasappelen, in plakjes gesneden

INSTRUC TIES:
a) Doe alle ingrediënten in een kan en roer.
b) Zet minimaal 2 uur in de koelkast voordat u het serveert.

98.Watermeloen Margarita's

INGREDIËNTEN:
- 2 kopjes water
- 1 kopje kristalsuiker
- 1½ kopjes vers geperst limoensap
- 8 kopjes pitloze watermeloenblokjes, bevroren
- 1 kopje zilveren tequila
- ½ kopje triple sec
- Grof zout, voor velgen
- Watermeloenschijfjes, om te serveren
- Limoenpartjes, om te serveren

INSTRUCTIES:
a) Meng het water, de suiker en het limoensap in een middelgrote pan op middelhoog vuur. Roer tot de suiker volledig is opgelost. Zet het vuur uit en laat de siroop afkoelen.

b) Voeg de gekoelde siroop, watermeloen, tequila en triple sec toe aan een blender. Blend tot alles mooi glad is.

c) Maak de randen van uw glazen nat en zout ze vervolgens. Giet de margarita's en voeg een limoenpartje en een schijfje watermeloen toe aan elk glas voordat je het serveert.

99.Ananas Mimosa's

INGREDIËNTEN:
- Fles mousserende witte wijn van 750 milliliter
- 2 kopjes ananassap
- ½ kopje sinaasappelsap
- Sinaasappelschijfjes, om te serveren
- Ananasschijfjes, om te serveren

INSTRUCTIES:
a) Combineer de mousserende witte wijn, het ananassap en het sinaasappelsap.
b) Roer tot alles goed gemengd is.
c) Vul de champagneglazen en plaats voor het serveren fruitschijfjes op de randen.

100.Fruitpunch

INGREDIËNTEN:
- 6 kopjes fruitpunch
- 3 kopjes ananassap
- 2 kopjes perzikschnaps
- 2 kopjes witte rum
- 1 kopje citroen-limoen frisdrank
- ¼ kopje limoensap
- 2 kleine limoenen, in plakjes gesneden en bevroren
- 1 grote sinaasappel, in plakjes gesneden en bevroren

INSTRUC TIES:
a) Combineer de fruitpunch, ananassap, perzikschnaps, rum, frisdrank en limoensap in een grote kan.
b) Roer tot alles goed gemengd is, dek af en zet in de koelkast tot het lekker koud is.
c) Giet de fruitpunch in een grote punchkom en voeg het bevroren fruit toe.
d) Serveer en geniet!

CONCLUSIE

Terwijl we onze feestelijke reis door 'Het ultieme veganistische vakantiekookboek' afsluiten, hopen we dat je het plezier hebt ervaren van het creëren van door planten aangedreven feesten die de rijkdom, smaken en overvloed van veganistisch koken voor de feestdagen vieren. Elk recept op deze pagina's is een eerbetoon aan compassie, creativiteit en de heerlijke mogelijkheden die plantaardige ingrediënten aan uw feesttafel bieden – een bewijs van de vreugdevolle en gedenkwaardige feesten tijdens de veganistische feestdagen.

Of je nu hebt genoten van de warmte van klassieke braadstukken voor de feestdagen, de creativiteit van plantaardige hapjes hebt omarmd, of hebt genoten van adembenemende desserts, wij vertrouwen erop dat deze recepten je passie voor veganistisch koken voor de feestdagen hebben aangewakkerd. Moge het concept van 'Het Ultieme Veganistische Vakantiekookboek', afgezien van de ingrediënten en technieken, een bron van inspiratie, feestviering en een bewijs van de vreugde worden die gepaard gaat met elke door planten aangedreven feestelijke creatie.

Moge dit kookboek, terwijl je de wereld van het veganistische vakantiekoken blijft verkennen, je vertrouwde metgezel zijn, die je door een verscheidenheid aan recepten leidt die de rijkdom en veelzijdigheid van de plantaardige keuken laten zien . Hier is het genieten van de vreugde van veganistische feestdagen, het creëren van gedenkwaardige maaltijden en het omarmen van de verrukkingen die gepaard gaan met elk plantaardig feest. Veel kookplezier en fijne feestdagen!

www.ingramcontent.com/pod-product-compliance
Lightning Source LLC
Chambersburg PA
CBHW071902110526
44591CB00011B/1520